CREERLE A DIOS

Creerle a Dios

Cómo vivir por fe en Su Palabra

Beth Moore

NASHVILLE, TENNESSEE

978-0-8054-3044-8

Publicado por Broadman & Holman Publishers
Nashville, Tennessee

Publicado originalmente en inglés por Broadman & Holman con el título
Believing God © 2004 por Beth Moore

Traducido al español por Carolina Galán Caballero
Clasificación decimal Dewey: 227.87

Tipografía de la edición castellana:
A&W Publishing Electronic Services, Inc.

Clasifíquese: DIOS \ BIBLIA. N.T. HEBREOS 11 – ESTUDIO \ FE

Impreso en los Estados Unidos de América
5 6 7 8 9 10 11 12 13 12 11 10 09

Dedicatoria

A mi amada familia de la Primera Iglesia Bautista de Houston. La emoción casi me supera en este intento de hallar palabras que expresen mi gratitud y amor hacia ustedes, que han sido todo lo que constituye una verdadera iglesia "hogar" para mí durante más de veinte años. Me han amado, apoyado y ofrecido un lugar seguro donde cometer errores que me permitieran crecer. Ustedes han sido mi constante durante una época de tantos cambios en mi vida ministerial. Un lugar de normalidad y estabilidad; han sido mi puerto.

Con mi más profundo afecto les dedico este estudio bíblico porque son una iglesia con una historia innegable de creerle a Dios. Hemos visto varios milagros juntos, ¿verdad? No está mal para un puñado de bautistas. Dios es bueno… y paciente.

No los cambiaría por nada en el mundo. Gracias por todo.

Con mucho amor,

Índice

For the Lord your God is bringing you into a good land, a land of brooks of water,
of fountains and springs, flowing forth in valleys and hills;
a land of wheat and barley, of vines and fig trees and pomegranates, a land of
olive oil and honey; a land where you will eat food without scarcity, in which you will not la[illegible]

anything; a land whose [illegible] hills you can dig copper.
When you have eaten [illegible] for the good land
which He has given [illegible] the Lord your God by
not keeping His commandments [illegible] statutes which I am commanding
you today; otherwise, when [illegible] and have built good houses
and lived in them, and when your herds and your flocks multiply, and your silver and gold

"Ustedes son mis testigos —afirma el Señor—,
son mis siervos escogidos, para que me conozcan
y crean en mí, y entiendan que Yo soy."

Isaías 43:10

multiply, and all that you have multiplies, then your heart will become proud and you
will forget the [illegible] Egypt, out of the
house of slavery. He led you through the [illegible] terrible wilderness, fiery serpents and
scorpions and thirsty ground where there was no water; He brought water for you
out of the rock of flint. In the wilderness He fed you manna which your fathers did not
know, that He might humble you and that He might test you, to do good for you in the end.
Otherwise, you may say in your heart, '[illegible] and the strength of my
hand made me this wealth.' But you shall remember the Lord your God, for it is He who is gi[illegible]
you power to make wealth, that He may confirm His covenant which He swore
to your fathers, as it is this day. It shall come about if you ever forget
the Lord your God and go after other gods and serve them and worship them, I testify against
you today that you will surely perish. Like the nations that the Lord makes to perish before

Introducción

Fe es la manera en que los creyentes se deciden a caminar con Dios y participan en incontables maravillas que Él desea hacer. Hay fe cuando los creyentes creen. Este libro trata sobre cómo hacer de la fe un verbo de acción que demuestre lo maravillosa que es la santa participación. Es un libro sobre aventurarnos allí donde podamos sentir el viento del Espíritu de Dios en nuestro rostro. Es un libro donde aprendemos que no tenemos que dejar la Espada del Espíritu (la Palabra de Dios) a fin de elevar el Escudo de la Fe. Según yo entiendo las cosas, por alguna razón Dios nos dio dos manos. Si deseamos vivir abundante y victoriosamente, debemos tomar ambas cosas. Alzar la Espada del Espíritu sin el Escudo de la Fe es marchitarse y consumirse en el desierto del legalismo. Tomar el Escudo de la Fe sin la Espada del Espíritu es tratar de caminar por fe sobre la arena movediza.

Dios hincó su Espada del Espíritu en mi débil mano hace 20 años cuando me envió a enseñar en una clase para jóvenes de la escuela dominical. Enseñar no describe lo que yo hacía. Yo era una tonta. Me compré una Biblia nueva para mi nuevo viaje y decidí mantenerla nuevita. La descuidé. Buscaba sin saber qué buscar. Se me caía. La abría. Me hacía bostezar. Me hacía protestar. Me hacía llorar. Le pedía a Dios que me ayudara a entenderla. Entonces, muy lentamente, descubriendo una cosa por vez, me enamoré perdidamente de ella y de su divino Autor. Empecé a escarbar y prometí asirme a ella siempre. Tal vez tenga una colección de promesas no cumplidas pero, y a Dios sea la gloria, esta no es parte de dicha colección.

Al tiempo que me ayudó a tomar con más fuerza la Espada del Espíritu, Dios empezó a calzar el Escudo de la Fe en mi otra mano para que yo aprendiera a usarlos como Él deseaba: en conjunto. Por cierto, yo creía que tenía mucha fe. Después de todo, ¿cuánta fe necesita alguien que va a la iglesia y trabaja en la iglesia? Pronto sabría la respuesta: mucha más fe de la que yo tenía. Más claramente que nunca, Dios me habló al corazón y me dijo: "Beth, tú crees en mí. Ahora quiero que me creas a mí." La idea de creerle a Dios saltó repentinamente de la página de Isaías 43:10. "Vosotros sois mis testigos, dice Jehovah; mi siervo que yo escogí, para que me conozcáis y me creáis" (RVA).

Me creáis. Me creas tú. Me creas a mí. CREERLE A DIOS.

Desde ese momento esas tres palabras han estado haciendo eco en mi mente. En cuestiones de gran importancia Dios parece obrar conmigo usando temas. Me pregunto si has tenido una experiencia similar. Sus temas para conmigo a menudo han sido breves. En este momento de mi vida hay tres palabras sobre mi corazón en este simple orden acumulativo:

Ámame. Conóceme. Créeme. *Ámame* pareció ser el tema de Dios para mi década de los 20 años. *Ámame y conóceme* fue el tema para mi década de los 30. Y *ámame, conóceme y créeme* ha sido el lema después que cumplí 40.

Por razones que sólo sabe un Dios perdonador, he derramado litros de tinta al escribir estudios bíblicos y libros tratando de compartir la pasión de amar a Dios y conocerlo. Continuaré expresando estas santas obsesiones de una u otra manera mientras Dios me lo permita. El libro que ahora tienes en tus manos es mi intento de poner en palabras mi propio viaje obediente en cuanto al tercer mandamiento que me hizo: creerle a Dios. No aquí y allá durante crisis sino como estilo de vida. La penetrante voz del profeta Isaías proclamó su importancia: "Si ustedes no creen en mí, no permanecerán firmes" (Isa. 7:9).

Los últimos siete años para mí han sido terriblemente difíciles en incontables maneras, pero la aventura más emocionante en mi vida ha sido aprender a practicar la fe como verbo de acción en medio de las dificultades. Ha sido maravilloso. Por cierto que no me refiero a las pruebas sino a la invitación de creerle a Dios para la victoria (y aún para su favor) en medio de las pruebas. Sí, he visto milagros. Algunos fueron grandiosos, pero las intervenciones divinas cotidianas fueron lo que más me ha maravillado y me ha hecho menear la cabeza al pensar que el Dios del universo se preocupe de mis problemas triviales. Nunca antes había experimentado tan profundamente la revelación de Juan 1:16: "De su plenitud todos hemos recibido gracia sobre gracia".

Mi oración es que Dios haga lo mismo en tu vida. Estoy convencida de que Cristo siempre es el iniciador en lo que hace a cuestiones de fe (Heb. 12:2). De modo que si estoy en lo cierto, ni te has tropezado con este libro ni llegó a tus manos accidentalmente. Querido amigo, Cristo está iniciando una nueva unción de fe en tu vida. Haces bien si deseas probar los espíritus (1 Juan 4:1 RV 1960) y proceder con cuidado en cuestiones como esta. Yo también soy muy renuente a tomar con facilidad libros sobre la fe. Vivimos en una cultura religiosa donde las prácticas de la fe han sido distorsionadas y torcidas para servir al hombre, no a Dios. Nuestro dilema es si habremos de permitir que el mal uso y el abuso del tema nos evite el acceso a prácticas de fe apropiadas. Después de todo, sin fe es imposible agradar a Dios (Heb. 11:6). Ten en mente que la herejía por lo general es una verdad tergiversada. Vayamos juntos a la Palabra de Dios y veamos si la podemos desentrañar y poner en práctica.

"Mi Padre es glorificado cuando ustedes dan mucho fruto y muestran así que son mis discípulos."

Juan 15:8

For the Lord your God is bringing you into a good land, a land of brooks of water,
of fountains and springs, flowing forth in valleys and hills;
a land of wheat and barley, of vines and fig trees and pomegranates, a land of
olive oil and honey; a land where you will eat food without scarcity, in which you will not
anything; a land whose [illegible] hills you can dig copper.
When you have eaten and [illegible] God for the good land
which He [illegible] the Lord your God by
not keeping His commandments [illegible] statutes which I am commanding
you today; otherwise, when [illegible] and have built good houses
and lived in them, and when your herds and your flocks multiply, and your silver and gold
multiply, and all that you have multiplies, then your heart will become proud and you
will forget the Lord [illegible] the land of Egypt, out of the
house of slavery. He led you through the great and terrible wilderness, fiery serpents and
scorpions and thirsty ground where there was no water; He brought water for you
out of the rock of flint. In the wilderness He fed you manna which your fathers did not
that He might humble you and that He might test you, to do good for you in the end.
Otherwise, you may say in your heart, [illegible] and the strength of my
hand made me this wealth.' But you shall remember the Lord your God, for it is He who is giving
you power to make wealth, that He may confirm His covenant which He swore
to your fathers, as it is this day. It shall come about if you ever forget
the Lord your God and go after other gods and serve them and worship them, I testify against
today that you will surely perish. Like the nations that the Lord makes to perish before

Capítulo 1

Tu Tierra Prometida

¿Funciona? Me refiero a aquello en lo que crees, tu fe. ¿Realmente funciona? La intención de Dios siempre ha sido que la vida del creyente "funcione". Desde la perspectiva divina para con la esfera terrenal, Dios quiso que sus hijos tuvieran éxito. Dios declaró sin reservas en Josué 1:8 que existen condiciones bajo las cuales "harás prosperar tu camino y tendrás éxito" (LBLA). ¿Acaso nuestra vida cristiana es una vida de éxito? ¿Está logrando lo que las Escrituras prometieron? En un sermón que hace poco predicó mi yerno, Curt nos dijo que la única manera en que impactaríamos al mundo y a la próxima generación es demostrar que nuestra fe en Cristo es real y que "funciona". Estoy convencida de que para innumerables cristianos es algo real. Mi preocupación es si en verdad tenemos el fruto que demuestra que la fe "funciona".

Me temo que para la mayoría de los cristianos la realidad difiere muchísimo de nuestra teología. Poco nos parecemos a una iglesia que logra que las puertas del infierno tiemblen. Se me ponen los pelos de punta cuando sugiero que la brecha entre nuestra teología y nuestra realidad es tan inmensa que hacemos el ridículo. Lo triste es que algunos estamos haciendo un gran esfuerzo en algo que realmente casi no funciona. ¿Por qué invertimos tanto tiempo y energía en ejercicios espirituales con pocos resultados, mientras el resto del mundo duerme hasta tarde los días domingo? ¿Por qué algunos nos levantamos muy de mañana para tener nuestro devocional con resultados que para el mediodía ya se han ido? ¿Por qué se nos está acabando la tinta de nuestros bolígrafos mientras marcamos Escrituras que rara vez se hacen realidad en nuestra vida? ¿Por qué estamos haciendo todo lo posible para convencer a otros de que hagan algo que no ha funcionado a las mil maravillas en nuestra vida? ¿Por qué algunos no admitimos que, a efectos prácticos, para la mayoría de los cristianos el conjunto integral de lo que creen en verdad no funciona?

Por cierto que quienes hemos aceptado a Cristo como nuestro Salvador hemos recibido el resultado automático y glorioso de la salvación eterna. Sin embargo, la razón principal por la cual Dios nos dejó en la tierra después de salvarnos es para que nuestro cristianismo tenga éxito aquí donde vivimos. Apenas sobrevivimos, pero ese nunca fue nuestro destino. Nuestro destino era ser sumamente eficaces. ¿Por qué entonces hemos aceptado la mediocridad? ¿Acaso los pocos resultados que la mayoría vemos y experimentamos son lo único que nos ofrece el cristianismo? ¿Acaso eso es todo? ¿Es lo único que podemos esperar? Si es así, somos dignos de compasión...

Yo me ofrecería a compadecerte, pero ya no creo en ese tipo de cristianismo. El statu quo de nuestro cristianismo contemporáneo no funciona, y me niego a aceptarlo. Afortunadamente lo mismo les pasa a muchos otros. Algunos ya no queremos ser como el emperador que tenía ropa nueva y se paseaba por las calles desnudo como Dios lo trajo al mundo, como diría mi abuela. La iglesia conformada por todos los creyentes en Cristo por lo general aparenta tener un manto de poder y eficacia, cuando en realidad se muestra impotente y hace el ridículo ante el mundo. No podemos culpar al diablo. Muchos hemos acallado el cristianismo del Nuevo Testamento y hemos aceptado nuestra realidad como teología en vez de aceptar la teología bíblica como nuestra realidad. Hemos hecho las cosas al revés, y caminamos por vista y no por fe. Queremos ser lo mejor de nuestro entorno, cuando en realidad eso está lejos de ser lo que Dios considera mejor.

Hace unos meses estaba caminando como todas las mañanas cuando me encontré con una simple escena con una elocuente aplicación. Había cuatro patos chapoteando en un charco de barro junto al camino, mientras del otro lado de la cuesta había una laguna grande y prístina. Me detuve y observé. Sentí que Dios me estaba diciendo: "Beth, esa es mi iglesia. La iglesia que compré con mi sangre y a quien le prometí el Espíritu está chapoteando en un charco de barro mientras tiene a su alcance un mar de agua viva. Y ese mar está del otro lado de la cuesta."

Créeme, nadie ha estado más cubierta que yo del barro de los charcos que elegí. Perdóname si mi celo fácilmente se interpreta como condena o crítica. ¡Sería una hipócrita si pensara eso! He cometido muchos errores. En realidad, porque tengo un pasado de fracasos, derrotas y patética mediocridad es que estoy empeñada en compartir contigo este mensaje. Si Dios puede darme poder para salir del charco e ir a la laguna a pesar de mis alas rotas, mis piernas temblorosas y mis pies inútiles, te aseguro que puede moverte a ti.

Querido amigo, Dios nos ha hecho promesas. Promesas reales. Numerosas. Promesas tales como poder, productividad, paz y gozo indescriptible mientras aún estamos en estos vasos de barro. Pocos estamos en contra de la teoría, pero ¿por qué más de nosotros no vivimos la realidad? Creo que así como el pueblo de Israel, muchos estamos vagando en el desierto, mientras la Tierra Prometida está del otro lado del río. Este libro tiene un objetivo principal: animar a todo cristiano dispuesto a escuchar a que se traslade a su lugar personalizado de la promesa divina y allí tenga éxito y prospere.

La bendición es inclinarse para recibir las expresiones de favor divino que, en los lugares recónditos del corazón y la mente, hacen que valga la pena vivir.

Dios no solo aprueba que los creyentes del Nuevo Testamento apliquen el concepto de una Tierra Prometida. Él insiste en ello en Hebreos 3 y 4. Nuestra Tierra Prometida y nuestro descanso sabático culminan en el cielo, pero creo que hay una Tierra Prometida terrenal para ti, y hay una para mí. ¿Cómo podríamos definir nuestra tierra de la promesa? Tu Tierra Prometida es un lugar donde las promesas personalizadas de Dios para tu vida se convierten en una realidad viviente en vez de ser una teoría teológica.

¿Quieres algunos ejemplos? Hay numerosos paralelos y aplicaciones en el pueblo de Israel y su tierra de la promesa; aquí hay unos pocos...

1. *Dios nos prometió un lugar de bendición.* La disposición de Dios y su firme deseo de bendecir a su pueblo es uno de los conceptos que más se repiten en toda la Biblia. Él es el Dador de todas las cosas buenas y se regocija cuando uno de sus hijos coopera para recibir dones. A los creyentes del Nuevo Testamento se les prometió bendición por la obediencia, igual que al pueblo de Dios en el Antiguo Testamento. La Tierra Prometida era un lugar de bendición para aquellos que seguían los preceptos de Dios. Cuando tú y yo hallamos en Cristo un lugar donde Dios pueda cumplir sus promesas en forma abundante, habremos de experimentar bendición sin medida. La bendición no implica una vida fácil ni posesiones ni éxito financiero. La bendición es inclinarse para recibir las expresiones de favor divino que, en los lugares recónditos del corazón y la mente, hacen que valga la pena vivir.

2. *Dios nos prometió un lugar para vivir.* Dios no le prometió a su pueblo un lugar que podrían visitar, sino un sitio donde pudieran establecerse y morar en bendición. Una tierra de la cual pudieran tomar posesión. Un lugar donde pudieran tener descanso sabático. De

acuerdo a Juan 15, los creyentes del Nuevo Testamento también han sido llamados a un lugar donde puedan permanecer en Cristo. Vivir allí. Tener morada. Yo finalmente llegué a un punto en mi vida cristiana donde me hastié de que lo único constante fuera mi inconstancia. Los esbozos de una vida espiritual auténtica sólo multiplicaban mi frustración. Luego entendí que había un lugar de plenitud y eficacia en Cristo, pero en el mejor de los casos yo simplemente era una visita ocasional. Mi alma necesitaba un lugar donde pudiera vivir. Yo anhelaba que mis derrotas fueran infrecuentes, no mis victorias. Querido amigo, nuestro territorio personalizado de promesas terrenales son lugares donde Dios nos invita a morar en Cristo. Ya es hora de que no seamos visitas sino residentes.

3. *Dios nos prometió un lugar donde Él produce una gran cosecha.* Dios prometió que la Tierra Prometida sería sumamente fructífera. Muchos hemos oído la descripción de una tierra "que fluye leche y miel", pero otros pasajes de la Escritura son mucho más descriptivos. Por ejemplo, Deuteronomio 8:7-9 dice:

"Porque el Señor tu Dios te conduce a una tierra buena: tierra de arroyos y de fuentes de agua, con manantiales que fluyen en los valles y en las colinas; tierra de trigo y cebada; de viñas, higueras y granados; de miel y de olivares; tierra donde no escaseará el pan y donde nada te faltará; tierra donde las rocas son de hierro y de cuyas colinas sacarás cobre."

Juan 15 nuevamente proporciona un paralelo de la Tierra Prometida para cada discípulo de Jesucristo. El versículo 8 dice: "Mi Padre es glorificado cuando ustedes dan mucho fruto y muestran así que son mis discípulos". No dice un poco de fruto sino "mucho fruto". Mi querido amigo, ¿puedes aceptar la verdad de que tu Padre celestial quiere mostrarte su gloria usando tu vida para producir abundante fruto? Tu Tierra Prometida personalizada es el lugar donde tú ves que Dios cumple la promesa de una gran cosecha a través de tu vida.

Dios no quiere producir simplemente una clase de fruto en tu vida. La cosecha que Dios desea tiene el potencial de una gran variedad. Creo que las promesas divinas a los israelitas para la Tierra Prometida en la esfera tangible, tienen un paralelo con la nuestra en la esfera espiritual. Tú y yo no fuimos llamados a ser máquinas de producción masiva pero monótona. Cuando decidimos que nuestras vidas sólo son para producir higos, Dios comienza a mezclar la tierra bajo nuestros pies para que produzcamos algunas granadas. ¿Acaso has llegado a la conclusión apresurada de que lo que has hecho o lo que estás haciendo es lo único que harás? Dios es demasiado creativo para eso... Que Dios use este viaje para remover la tierra.

Tal vez mi parte favorita de Deuteronomio 8:7-9 es que la Tierra Prometida era un lugar seguro donde al pueblo de Dios no le faltaría nada. ¿Quieres un paralelo en el Nuevo Testamento? Segunda Pedro 1:3-4 nos dice que "Su divino poder, al darnos el conocimiento de aquel que nos llamó por su propia gloria y potencia, nos ha concedido todas las cosas que necesitamos para vivir como Dios manda. Así Dios nos ha entregado sus preciosas y magníficas promesas para que ustedes, luego de escapar de la corrupción que hay en el mundo debido a los malos deseos, lleguen a tener parte en la naturaleza divina". Nuestras Tierras Prometidas son los lugares en que aceptamos esas "preciosas y magníficas promesas" y nos apropiamos de "todas las cosas que necesitamos para vivir".

Si no puedes imaginar que Dios te libra de la corrupción de los malos deseos y produce una abundante cosecha a través de tu vida, has creído en la mentira de que las promesas de Dios no son aplicables en tu caso. En Efesios 2:10 leemos: "Porque somos hechura [obra artesanal] de Dios, creados en Cristo Jesús [nacidos de nuevo] para buenas obras, las cuales Dios dispuso de antemano [preparó con anticipación] a fin de que las pongamos en práctica [vivamos la vida para la cual Él ya hizo preparativos y dejó lista para que la vivamos]."

Dios te conocía antes de que fueras formado en el vientre de tu madre, y planeó buenas obras que darían mucho fruto. De acuerdo a Hechos 17:26, Dios incluso determinó los tiempos y los lugares de este planeta que serían más idóneos para nuestras cosechas personalizadas. ¿Te parece demasiada predestinación? Aquí está la clave: no estamos forzados a cooperar necesariamente. Podemos vivir toda nuestra vida como cristianos y jamás cumplir el glorioso plan que Dios diseñó para nosotros de antemano.

Efesios 1:18 dice: "Pido también que les sean iluminados los ojos del corazón para que sepan a qué esperanza él los ha llamado, cuál es la riqueza de su gloriosa herencia entre los santos". Nuestra gloriosa herencia en Cristo no tiene por qué limitarse al cielo. El contexto primario de Efesios 1 es el impacto de nuestra herencia celestial en nuestra existencia terrenal. Dios conoce los planes que tiene para nosotros, querido amigo, pero no habrá de forzarlos. Recuerda la palabra *esperanza*. Ni tu llamado ni el mío son obligatorios. Dios logrará lo que preparó para el cielo y la tierra independientemente de lo que hagamos tú y yo, pero nosotros decidimos si vamos a ser parte de su proceso divino en nuestra generación. Nuestros llamados siguen siendo una esperanza hasta tanto permitamos que los ojos de nuestro corazón se iluminen y decidamos aceptarlos.

4. *Dios nos prometió una morada de gran victoria sobre nuestro enemigo*. Desde el momento en que Dios le dio a Abram la promesa de la tierra, describió enseguida ocupantes y perímetros. "A tus descendientes les daré esta tierra, desde el río de Egipto hasta el gran río, el Éufrates. Me refiero a la tierra de los quenitas, los quenizitas, los cadmoneos, los hititas, los ferezeos, los refaítas, los amorreos, los cananeos, los gergeseos y los jebuseos" (Gén. 15:18-21). Nuestras Tierras Prometidas no se caracterizan por la ausencia de oposición sino porque hay victoria.

La teología de la Tierra Prometida se convierte en realidad terrenal solo para aquellos que reemplazan su temor y su complacencia por un pasaje para salir del desierto en que han estado habitando.

Al comenzar este capítulo te pregunté si tu fe es un sistema que funciona. Una de las maneras en que podemos medir su efectividad es examinar con cuánta constancia se hace realidad nuestra posición bíblica de "más que vencedores" (Rom. 8:37). Fue con victorias que el pueblo de Israel demostró que ellos eran vencedores por el poder de Dios. La victoria siempre presupone que hay una contraparte de derrota. Si no hay cosas que vencer, nunca ocuparemos nuestro lugar de "más que vencedores". Si no hay opositores nunca seremos victoriosos. Como seguiremos viendo en nuestro viaje, Dios les dio a los israelitas la Tierra Prometida, pero les dijo que tendrían que librar violentas batallas para tomar posesión de lo que les pertenecía. ¿Por qué? Probablemente una razón fuera que debían desarrollar la fuerza para retener la tierra una vez que la conquistaran. Otra razón con seguridad fue permitirles tener la experiencia victoriosa que solo se adquiere peleando una difícil batalla. En la economía de Dios, vale la pena pelear por lo que vale la pena tener.

Así como los israelitas, a ti y a mí se nos han prometido aspectos espirituales para una victoria grande y permanente en un terreno donde nuestro enemigo está desafiándonos. Si en este momento no estás ocupando tu Tierra Prometida, ten por seguro que el diablo sí lo está haciendo. ¿Acaso vas a quedarte mirando y dejar que se salga con la suya? Querido amigo, Dios te ha dado tierra, pero te llama para que vayas y tomes posesión de ella. Tu enemigo está parado en la tierra que te ha dado Dios, retándote a que tomes posesión. ¿Vas a dejar que siga allí? ¿O acaso vas a reclamar tu herencia? La ley de la Tierra Prometida es la toma de posesión. Adelante, entonces.

El Creador del cielo y de la tierra, Aquel que tiene a su disposición el universo y todas sus riquezas, conoce tu nombre, planeó para ti una Tierra Prometida, y anhela bendecirte. Con sabiduría se reserva el derecho de exigir tu cooperación. Muchas promesas de Dios son incondicionales, pero no así las promesas divinas de plena bendición, permanencia en Dios, fruto y victoria. Nada ni en tu vida ni en la mía vale la pena como para perder el derecho a los lugares de promesa donde se cumple 1 Corintios 2:9. Lo que Dios ha preparado para ti es más de lo que tus oídos han escuchado, de lo que han visto tus ojos y de lo que tu mente puede haber concebido. La teología de la Tierra Prometida se convierte en realidad terrenal solo para aquellos que reemplazan su temor y su complacencia por un pasaje para salir del desierto en que han estado habitando.

"Y CUÁN INCOMPARABLE ES LA GRANDEZA DE SU PODER A FAVOR DE LOS QUE CREEMOS..."

EFESIOS 1:19

Capítulo 2

Pasaje para salir del desierto

Hace varios años salí del consultorio de un médico con varias recetas para remedios que eran tan engorrosos para tomar que las tiré en el cesto de basura al salir del edificio. Decidí que era más fácil estar enferma. Soy una mujer sencilla y me agradan las respuestas que no son complicadas. La vida humana es asombrosamente compleja, y esto hace que a menudo sean necesarias soluciones y procedimientos complicados. Sin embargo, tengo la alegría de informar que las preguntas primordiales que planteamos en el capítulo 1 no tienen respuestas complicadas.

¿Por qué no funciona nuestra práctica actual del cristianismo? ¿Por qué no vemos cumplidas más promesas de Dios? Por la misma razón que las prácticas de los israelitas en el desierto no funcionaron y ellos nunca alcanzaron la tierra de la promesa. Como ellos, podemos ser milagrosamente librados de esclavitud, dejar nuestros Egiptos, y sin embargo nunca llegar a nuestra Tierra Prometida. También nosotros podemos estar atascados en un desierto desolado. Hebreos 3:19 proporciona la explicación con una sola palabra: "Como podemos ver, no pudieron entrar por causa de su incredulidad".

Incredulidad. ¿Cómo puede ser si ellos creían en Dios? Su descuido fue que sencillamente no le creían al Dios en quien creían. Hablaban de la boca para afuera, pero en su caminar lo único que hacían era dejar pisadas en círculos en el desierto. A los israelitas del éxodo se les prometió tierra, bendición, productividad y victoria, pero las multitudes nunca vieron que su teología se convirtiera en realidad. La pregunta que surgió en el peregrinaje en el desierto no fue si los israelitas pertenecían a Dios ni dónde pasarían la eternidad. La pregunta fue cuál sería el lugar donde el pueblo de Dios pasaría su existencia terrenal. En Hebreos 3:17 se subraya el resultado de manera vívida: "los cuales cayeron muertos en el desierto".

Tú y yo podemos estar seguros y protegidos en la familia de Dios y tener la plena seguridad de una herencia celestial, y sin embargo no ocupar nunca la tierra de las promesas divinas cumplidas en la tierra. Podemos pasar de largo por completo nuestro destino terrenal, y también nuestros cuerpos pueden caer muertos en el desierto. Cuando Keith y yo estuvimos en África el verano pasado, nos encontramos con la horrorosa vista del cuerpo muerto de una vaca que un león había comido hasta dejar sólo los huesos. La Palabra de Dios nos dice que Satanás es como león rugiente que busca a quien devorar (1 Ped. 5:8). Tal vez puedas decir conmigo que

Satanás ha tratado toda clase de ardides para destruir tu vida, tu testimonio y tu fruto. ¿Acaso habremos de darle la satisfacción de devorar nuestros cuerpos muertos porque los dejamos caer en un desierto de derrota? Dios no lo permita.

No quiero que me incluyan entre los incrédulos que nunca reclamaron para sí la tierra que Dios les prometió. Cuando recibamos nuestra herencia celestial, lo único que va a importar en cuanto a nuestra vida terrenal es si cumplimos con nuestro llamado y permitimos que Dios cumpliera sus promesas. Sé que iré al cielo porque confié en Cristo como mi Salvador, pero en el camino quiero llegar a mi Canaán. Quiero terminar mi carrera en la Tierra Prometida. No en el desierto. ¿Quieres lo mismo? Entonces tenemos que canjear nuestro temor y nuestra complacencia y gastar todo lo que tenemos en el único pasaje de salida: la FE.

La fe es lo único que siempre cerrará la brecha entre nuestra teología y nuestra realidad.

Mucha fe. La razón por la cual nuestra fe actual es un sistema que no funciona es que hay mucho sistema y poca fe. Lo que tú y yo necesitamos es una fe renovada en nuestro sistema. Ese es el tema de este libro. La fe es lo único que siempre cerrará la brecha entre nuestra teología y nuestra realidad. En estas páginas vamos a explorar la importancia vital que Dios le asigna a una fe viviente y activa.

En ambos testamentos nos resultaría difícil encontrar una prioridad más constante por parte de Dios para con su pueblo. Creo que a través de nuestro viaje la Escritura nos revelará que para Dios no hay nada más importante que nuestra fe. Sí, el amor es el mayor mandamiento, pero cualquiera de nosotros que haya aceptado el gigantesco desafío del amor bíblico en circunstancias difíciles, puede dar testimonio de que la obediencia requirió mucha fe.

Dios no es el único que decide el orden de prioridad en cuanto al tema de nuestra fe. Satanás por su lado no tiene objetivo más grande en nuestra vida. Aunque no puede competir con Dios, es un enemigo poderoso y peligroso del hombre que cree. No es una coincidencia que Dios y el diablo concentren la atención en nuestra fe ya que es mucho lo que está en juego. Consideraremos dos cuestiones vitales actualmente en juego, y luego comentaremos otras en capítulos siguientes.

"Porque tú creaste todas las cosas; por tu voluntad existen y fueron creadas." —APOCALIPSIS 4:11

---

1. *Primero y principal, "sin fe es imposible agradar a Dios"* (Heb. 11:6). Esa es una razón por la que nos convendría aceptar los desafíos de la fe como una realidad de esta vida, en vez de sorprendernos o incluso pensar que es injusto cuando llegan. Dios los trae a nuestra vida para que nuestra fe se edifique, para demostrar que somos genuinos y

permitirle tener incontables excusas para recompensarnos. No hay nada que lo deleite más que cuando escogemos creerle a Él en vez de creer lo que vemos y sentimos. Apocalipsis 4:11 se podría parafrasear de la siguiente manera, tomando como base algunas traducciones de la Biblia al inglés: "Tú has creado todas las cosas, y para placer tuyo existen y fueron creadas". Esto añade una nueva dimensión al placer de Dios cuando ponemos en ejercicio nuestra fe. Al poner estos dos pasajes de la escritura lado a lado, inferimos que el propósito fundamental de nuestra existencia es agradar a Dios; por lo tanto, si no ponemos a obrar nuestra fe, nunca cumpliríamos con nuestra razón de ser.

Si aun no has establecido una relación de fe con Dios, el concepto de vivir toda tu vida para agradar a Dios puede incomodarte e incluso ofenderte. Lo entiendo. También yo he batallado grandes cuestiones de fe en todas las dimensiones relacionales. He comprobado que el hombre no siempre es digno de confianza (no el hombre en general sino yo), pero en nuestra relación Dios nunca ha dejado de cumplir lo prometido. Creo que tu también comprobarás que Él es totalmente digno de confianza. Dios está de nuestro lado, querido amigo. Hasta sus mandamientos son para nuestra seguridad, nuestra libertad y nuestra bendición (Deut. 10:13). Sí, Dios nos llama a rendirle sobre el altar de su divina voluntad nuestras metas y nuestra agenda de actividades, pero Romanos 12:2 nos recuerda que la voluntad de Dios para nosotros es buena, agradable y perfectamente idónea. Al fin de cuentas, los sacrificios más grandes en nuestra vida tienen lugar cuando decidimos hacer las cosas a nuestra manera y perdemos el derecho a la agradable voluntad de Dios para nosotros.

Satanás por cierto no quiere que agrademos a Dios. Recuerda, el diablo por sobre todas las cosas se opone a Dios. Su principal objetivo es vengarse de Dios porque no le permitió la arrogancia y el deseo de ser "semejante al Altísimo" (Isa. 14:14). Satanás no puede afectar a Dios, de manera que hace todo lo posible para llegar al corazón divino atacando a los hijos de Dios. "[Quien] toca a mi pueblo, me toca la niña de los ojos" (Zac. 2:8).

Que Dios se complazca no es lo único importante cuando ponemos en ejercicio nuestra fe. Tanto Dios como Satanás saben que...

2. *La fe funciona.* Si todavía no te has convencido, espero que Dios te muestre este principio en las páginas que siguen. En realidad, no hay nada que funcione tan bien como la fe. Sus dividendos divinos son astronómicos. Lamentablemente también lo es el costo por su ausencia. Desde la perspectiva bíblica, las consecuencias de la fe en la vida humana no tiene paralelos precisamente porque Dios no tiene paralelos y la fe es la invitación estándar a la que Dios responde con pruebas. Cristo puede obrar como desee, pero por lo general su forma de actuar para con sus seguidores es "conforme a vuestra fe os sea hecho" (Mat. 9:29, RVR 1960, y muchas otras referencias). Nos guste o no el concepto, a Cristo le agrada respondernos de acuerdo a nuestra fe. También a mí solía molestarme la idea, hasta que comencé a ejercitar un poquito más de fe y experimenté numerosos resultados totalmente inesperados. He comprobado que hay una proporción

fidedigna: cuanto menos fe tenemos, más tendemos a resentirnos por el concepto. Si en este momento te sientes molesto, sigue leyendo. Tengo la sensación de que para cuando llegues al final del libro te agradará más la idea.

Como la fe funciona, debemos asegurarnos de saber en qué consiste. Este es el momento oportuno para establecer con certeza qué quiere decir este libro al hablar de "creerle a Dios". En el Nuevo Testamento en griego, la palabra *pistis* significa "credibilidad, convicción, confianza, fe, fidelidad".[1] El significado hebreo es similar en esencia y en el aspecto práctico. Nosotros usaremos varios tiempos verbales de la palabra *creer* de modo intercambiable con la palabra *fe*. Con pocas excepciones, las palabras *fe* y *creer* son traducciones de alguna de las formas del vocablo *pistis* en el Nuevo Testamento. Por lo tanto, cuando uso la frase *creerle a Dios*, podemos intercambiarla con *tener fe en Dios*. Prefiero la primera expresión para este libro porque refleja más claramente la acción. Descubriremos que la fe no es solo algo que uno tiene. Es algo que uno realiza. La clase de fe que tú y yo estudiaremos puede cambiar un sustantivo en un verbo de acción.

Nada en esta tierra se compara con el poder que Dios desea otorgar en la vida de aquellos que continuamente ejercitan su fe en Él.

El secreto está en los tiempos verbales. Aunque parezca extraño, toda la premisa de este libro surgió como un corredor que deja la línea de partida a través de un tiempo verbal del Nuevo Testamento. Lo ilustraré con una comparación de la Escritura tomada de un mismo capítulo. (El énfasis en ambos segmentos ha sido agregado.)

"En él también ustedes, cuando oyeron el mensaje de la verdad, el evangelio que les trajo la salvación, y lo creyeron, fueron marcados con el sello que es el Espíritu Santo prometido."

— EFESIOS 1:13

Efesios 1:13 dice: "En él también ustedes, cuando oyeron el mensaje de la verdad, el evangelio que les trajo la salvación, y lo *creyeron*, fueron marcados con el sello que es el Espíritu Santo prometido."

Efesios 1:18-20 dice: "Pido también que les sean iluminados los ojos del corazón para que sepan a qué esperanza él los ha llamado, cuál es la riqueza de su gloriosa herencia entre los santos, y cuán incomparable es la grandeza de su poder a favor de los que *creemos*. Ese poder es la fuerza grandiosa y eficaz que Dios ejerció en Cristo cuando lo resucitó de entre los muertos."

En los versículos 13 y 19 la Biblia usa dos importantes tiempos verbales que son distintivos para la misma palabra básica *creer*. El versículo 13 habla de cristianos que "creyeron". Esta acción de fe alude al ejercicio de creer que lleva a la salvación. Cada uno de nosotros que somos cristianos en algún momento oímos el mensaje del evangelio y decidimos creerlo y recibirlo. Porque pusimos en ejercicio esta acción de fe, inmediatamente pasamos a pertenecer a Cristo. Recibimos su Espíritu Santo y fuimos sellados. Esta acción de fe tuvo lugar en el pasado y cosechó resultados radicales.

El tiempo verbal griego de la palabra *creemos* en el segundo segmento que mencioné (Ef. 1:19) es el verbo más vital de nuestro estudio. Recibe el nombre de participio activo presente. Trataré de explicar este tiempo verbal como uno de mis profesores de griego me lo explicó a mí: "Beth, cuando veas un verbo griego en participio activo presente, puedes insertar la palabra *continuamente* después del verbo." En otras palabras, la promesa de los versículos 19 y 20 no se aplica a aquellos que "creyeron" (v. 13), sino que se aplica a los que en este momento y en forma activa han decidido *creerle a Dios* continuamente.

¿Qué es lo que quiero decir? Nuestro glorioso caminar con Dios comenzó con un acto de fe que nos llevó a una relación con Jesucristo como nuestro Salvador, pero no termina allí. Yo, como parte de los que *creyeron* en Cristo, he sido llamada a *creerle a Dios* continuamente en cuanto a todo lo que hizo y dijo. Lamentablemente, algunos *creyeron* en Cristo pero le han creído muy poco desde entonces. Quien comenzó en nosotros la obra, tiene más que aún desea lograr. Dios nos está llamando a ti y a mí a dejar la vida de pasividad alimentada por una fe en tiempo pasado, y a asirnos de la acción de creer en participio activo presente. Nada en la vida podría ser más emocionante. Permíteme compartir lo que esta mujer indudablemente sanguínea está pensando: en la vida no hay nada tan emocionante y grandioso como la fe. Si decides embarcarte en esta gran aventura de fe, te prometo que nunca te aburrirás.

Un cristiano que practica fe en Dios en participio activo presente se convierte en una pesadilla para Satanás. Una de las razones se menciona más arriba en Efesios 1:18-20. Léelo otra vez y trata de absorber cuán eficazmente obra la fe de acuerdo a la última declaración que se hace en ese segmento. Permite que esta verdad esté escrita con marcador indeleble en el empapelado de tu mente: Dios ejerce un poder *incomparable* en la vida de aquellos que le creen a Él de manera continua. En otras palabras: Nada en esta tierra se compara con el poder que Dios desea otorgar en la vida de aquellos que continuamente ejercitan su fe en Él. Por inspiración del Espíritu Santo, Pablo compara esto con el sensacional poder divino que tuvo lugar cuando Dios resucitó a su Hijo de entre los muertos. ¿Te das cuenta, querido amigo? ¿Se te ocurre una necesidad que pudieras tener que requiriera más poder que el que Dios puso en ejercicio para resucitar a los muertos? A mí tampoco. Dios puede resucitar matrimonios que están muertos, y puede restaurar vida y propósito a aquellos que han "tirado la toalla". Puede perdonar y purificar al peor pecador. La especialidad de Dios es resucitar lo que está muerto, y hacer posible lo imposible. No contamos con una necesidad que exceda su poder. La fe es la invitación favorita de Dios.

El placer de Dios y un poder incomparable son algunas de las cosas en juego en las cuestiones de fe.

"Tomen el escudo de la fe, con el cual pueden apagar todas las flechas encendidas del maligno"

Efesios 6:16

"Estos flecos les ayudarán a recordar que deben cumplir con todos los mandamientos del Señor..."

Números 15:39

Capítulo 3

GUERRAS Y TAMBIÉN MARAVILLAS

Así como el pueblo de Israel, siempre tendremos un enemigo que quiere mantenernos fuera de nuestra Tierra Prometida. En el capítulo anterior hablamos de algunas de las razones. Nada produce más daños al poder de las tinieblas en este mundo que un creyente con fe de participio activo presente. Sin embargo, si deseamos ganar nuestras batallas, tendremos que reconocer algunas confabulaciones de Satanás y prepararnos por adelantado para la victoria. Nuestra guerra se complica por una oposición mucho más difícil de identificar que la oposición humana de heteos, ferezeos y amorreos. En Efesios 6:12-13 el apóstol Pablo nos dice que "nuestra lucha no es contra seres humanos, sino contra poderes, contra autoridades, contra potestades que dominan este mundo de tinieblas, contra fuerzas espirituales malignas en las regiones celestiales. Por lo tanto, pónganse toda la armadura de Dios".

Entre las piezas de la armadura que se indican estratégicamente, la RVR 1960 nos dice: "Sobre todo, tomad el escudo de la fe, con que podáis apagar todos los dardos de fuego del maligno" (v. 16). ¿Por qué será que "sobre todo" necesitamos aprender a usar nuestro escudo de la fe? Porque el escudo es la armadura de la armadura. Los antiguos guerreros esperaban que los dardos de fuego nunca alcanzaran el casco ni la coraza. Aun si no causaba heridas, un impacto directo en una de estas cubiertas defensivas podía dejarlos aturdidos o con contusiones. La meta del guerrero era extinguir con su escudo todos los dardos que le fueran disparados a fin de desvanecer todo daño potencial. Cuando el guerrero bajaba el escudo, las otras piezas de la armadura quedaban mucho más vulnerables.

Lo mismo ocurre en la guerra que libramos nosotros. Nuestras batallas más difíciles invariablemente están relacionadas con cuestiones de fe: ocasiones en que somos tentados a pensar que la Palabra de Dios y sus caminos no han de funcionar en nuestro caso, que Él nos ha abandonado, que nos ha desilusionado o que no nos ha ayudado. Si Satanás puede lograr que dejemos el escudo de la fe, sabe que no podremos permanecer en pie por mucho tiempo. Las cosas que suceden por primera vez tienen gran importancia en la Biblia. ¿Sabes acaso cuáles fueron las primeras palabras que sabemos salieron de la boca de la serpiente?

"¿Es verdad que Dios les dijo...?" (Gén. 3:1).

El diablo usó el engaño para sembrar duda. Se presentó como serpiente, y no pudo conseguir que Eva dejara de creer en Dios, de modo que optó por otra vía. Le tendió una trampa tentándola a no creerle a Dios y no confiar en sus intenciones. Eva ya no volvió a ser la misma, su duda fue contagiosa, y con su esposo perdieron la tierra que Dios les había dado. Sucede que cuando Eva dejó caer su escudo de la fe, todas las demás piezas de la armadura espiritual se volvieron vulnerables. Satanás sabía que ella no iba a permanecer en pie por mucho tiempo. Cuando Eva cayó, cayó rotundamente. A mí también me ocurrió.

"Sobre todo", tú y yo debemos aprender a levantar el escudo de la fe. Es imperioso que además conozcamos la Palabra de Dios y aprendamos a blandir la espada del Espíritu. Entonces cuando el enemigo astutamente nos pregunte: "¿Es verdad que Dios les dijo...?", sabremos la respuesta. Cuando respondemos con la Palabra de Dios a los ataques de duda, distorsión y engaño, el dardo de fuego se apaga y el enemigo recibe otro impacto. Le debo unos cuantos. ¿Tú también? Bueno, entonces comprometámonos a tomar en serio este desafío de fe.

Nuestras batallas más difíciles invariablemente están relacionadas con cuestiones de fe: ocasiones en que somos tentados a pensar que la Palabra de Dios y sus caminos no han de funcionar en nuestro caso, que Él nos ha abandonado, que nos ha desilusionado o que no nos ha ayudado.

Desde lo profundo de mi corazón mi oración es que este libro no sea simplemente otro libro. Me encanta leer, e invariablemente mis manos están pegadas a algún libro cristiano. Todos me han alentado y algunos han cambiado mi vida. Sin embargo, *Creerle a Dios* no es un libro. Tampoco es un estudio bíblico. Es un estilo de vida. Mi oración ferviente es que cuando llegues a la última página, la aventura de fe que presento en estos capítulos no haya hecho más que comenzar. Querido amigo, anhelo que en tu vida sucedan cosas inmensas porque tienes un Dios inmenso. Y porque deseo tanto que rindas tu vida a la fe como verbo de acción, le he pedido a Dios algo muy grande para ti. A través del poder del nombre de Jesús, le he pedido que te muestre una maravilla o que visiblemente bendiga tu diligente cooperación. Y he pedido que lo haga al inicio del proceso de modo que te sientas animado a continuar el viaje. Lo que le pedí a Dios no fueron simplemente resultados porque no hay nada como la experiencia de la innegable y alentadora aprobación de Dios. Le pido con todas mis fuerzas que haga algo evidente para mostrarte que estás en la senda correcta. Entonces cuando lleguen tiempos en que haya menos evidencias divinas, tendrás seguridad a toda prueba de que puedes creerle a Dios.

Cuando respondemos con la Palabra de Dios a los ataques de duda, distorsión y engaño, el dardo de fuego se apaga y el enemigo recibe otro impacto.

También te pido algo a ti. Te pido que consideres la posibilidad de comprometerte a tres prácticas de fe específicas que mencionaré en el resto de este capítulo. Juntas realzan tu entorno y este es una invitación al placer y al poder de Dios. De ninguna manera estoy sugiriendo que debemos hacer tratos con Dios ni querer manipularlo para que haga milagros. Dios no es alguien a quien contratamos y no dudaría en mostrar que desaprueba un enfoque inapropiado. Sin embargo, no vayamos al otro extremo de ser cautelosos pero incrédulos. Recuerda este concepto en los capítulos que siguen:

> Existe una gran diferencia entre tratar de manipular a Dios para que nos dé lo que deseamos, y cooperar con Dios para que nos pueda dar lo que Él desea. Esto último es nuestra meta.

Una vez que te familiarices con las tres acciones de fe, necesitarás un marco de tiempo en el cual practicarlas. Cuando termines el capítulo, si estás de acuerdo, pasa un tiempo en oración y pregúntale a Dios por cuánto tiempo desearía que te comprometieras a esto. La mayoría necesitamos mucho más que unos pocos días para adquirir nuevos hábitos, de manera que debes planear un lapso mayor. Cuarenta días podría ser un período eficaz. En el cuaderno de trabajo del estudio bíblico *Creer a Dios*, asumimos un compromiso de nueve semanas completas. Tres meses es otra buena posibilidad para adoptar un nuevo enfoque de la vida. Ora al Señor y persevera por el tiempo que Dios y tú hayan establecido. Si un día te olvidas o fallas en las prácticas de fe, continúa al día siguiente.

Los ejercicios que mencionaré han sido de mucha motivación para mí. Son maneras que me ha dado Dios para demostrar exteriormente la obra que está haciendo en forma interna. Mi oración es que también tú sientas la exhortación. Las tres prácticas de fe son:

1. *Practica levantar tu escudo de la fe.* El equipado guerrero de la antigüedad que mencionamos antes no esperaba hasta la más enconada batalla de su vida para aprender a usar su escudo. Practicaba con antelación. Dios me enseñó un modo específico de practicar el levantar mi escudo de la fe, y uso el método constantemente en las batallas que libro. Él me equipó con una promesa de fe que contiene cinco declaraciones, y que incluye virtualmente todo lo que debemos creer, y conforma el aspecto central de este libro:

Dios es quien Él dice ser
Dios puede hacer lo que Él dice que puede hacer
Yo soy quien Dios dice que soy
Todo lo puedo en Cristo
La Palabra de Dios está viva y activa en mí

Aunque a menudo recito en silencio estas cinco declaraciones, también se me ocurrió algo simbólico: realizar físicamente aquello a que me he comprometido en lo espiritual. Elevo mi brazo derecho y extiendo mi mano como un escudo. Luego pongo hacia arriba mi dedo pulgar y declaro: "Dios es quien Él dice ser". Agrego mi dedo índice y proclamo: "Dios puede hacer lo que Él dice que puede hacer". Agrego mi dedo medio y digo: "Yo soy quien Dios dice que soy". Con mi dedo anular afirmo: "Todo lo puedo en Cristo". Mi dedo meñique completa el escudo y yo digo: "La Palabra de Dios está viva y activa en mí". Pongo entonces un signo de exclamación al final de las cinco declaraciones de mi promesa de fe, y lo hago con un sencillo lenguaje gestual para las palabras "Yo le creo a Dios". Con el dedo índice de esa misma mano, señalo mi corazón y digo "Yo". Señalo mi frente y digo "le creo" (porque la fe siempre es un ejercicio de la voluntad, no de las emociones). Luego señalo hacia el cielo y digo: "a Dios".

Este ejercicio lo practico sola en mi casa, cuando salgo a pasear al perro, en mi automóvil, en el trabajo con mis compañeros, y en cualquier otro lugar donde pueda hacerlo. A medida que pronuncio cada declaración, literalmente puedo sentir una fuerza sobrenatural en mi ser. Estas verdades están tan enraizadas en mi mente, que cuando Satanás me ataca inmediatamente empiezo a ver cuál de las declaraciones está cuestionando, y la digo en voz alta. Por ejemplo, si necesito un milagro, tal vez Satanás trate de tentarme a creer que Dios ya no hace maravillas. Repaso rápidamente mi lista mental de verdades de la fe y recito en voz alta la segunda: "Dios puede hacer lo que Él dice que puede hacer". A menudo la tentación de creer lo contrario se desvanece en forma instantánea. Otro ejemplo es un ataque con el que Satanás ha tenido mucho éxito... hasta hace poco. Lamentablemente le he proporcionado al enemigo una larga lista de pecados pasados con los cuales acusarme. Cuando ahora me ataca condenándome, recito en voz alta la verdad número 4: "Yo soy quien Dios dice que soy". Los resultados han sido transformadores.

También he enseñado este método a mi clase de estudio bíblico, y si quieres que te invada sobrenaturalmente el Espíritu de Dios, ¡tendrías que tratar de proclamar toda la promesa de fe con cientos de personas! A veces cuando estoy en un lugar público y no tengo la libertad de representar los movimientos, y alguien o algo está tratando de quitarme la fe, uso el simple lenguaje de gestos mientras me digo a mí misma: "Puedes decir lo que quieras, pero yo (señalo mi corazón) le creo (señalo mi cabeza) a Dios (señalo el cielo)." Mi espíritu se reaviva con tan solo hablarte de esto.

Toda vez que alguien se ríe de mí o me dice que soy demasiado radical o demostrativa, siempre pienso lo mismo: "Querido amigo, una vez fui la creyente más esclavizada y derrotada que hayas conocido, y ahora soy un milagro vivo que experimenta el poder de Dios. Con el debido respeto, ¿cómo anda tu vida cristiana?" Cuando Dios quiere producir resultados radicales, a veces Él exige medidas radicales. Tal vez yo parezca un poco tonta, pero algo está funcionando bien; y a Dios sea la gloria, porque yo era un caso perdido.

Toma el compromiso de escribir, recitar o repetir en tu mente las cinco verdades de la promesa de fe, y hazlo en forma repetida durante el tiempo que hayas acordado con Dios. En lo que a mí respecta, me parece que lo repetiré hasta mi muerte. Y si solo lo repites durante algunas semanas, pido a Dios que esa práctica te ayude a obtener nueva fe.

2. *Aumenta tu nivel personal de santificación.* Cuando el pueblo de Israel se reunió a la orilla del agua mientras contemplaba la Tierra Prometida, Dios le dio a Josué las siguientes instrucciones para salir del desierto: "Cuando vean el arca del pacto del SEÑOR su Dios, y a los sacerdotes levitas que la llevan, abandonen sus puestos y pónganse en marcha detrás de ella. Así sabrán por dónde ir, pues nunca antes han pasado por ese camino" (Jos. 3:3-4). Espero que Dios esté por llevarnos con Él a un lugar donde nunca antes hemos estado. Ni siquiera los que ya han practicado una fe de participio activo presente han llegado a todos los destinos planeados por Dios. Si ya hubieran llegado, Él ya los habría llevado al cielo. Nuestro camino de fe termina a sus pies. Así como los israelitas, todavía hay lugares a los cuales debemos ir con Dios. Y nunca hemos pasado por este camino todavía.

Toma el compromiso de escribir, recitar o repetir en tu mente las cinco verdades de la promesa de fe, y hazlo en forma repetida durante el tiempo que hayas acordado con Dios.

Los israelitas estaban de pie en la orilla este del Jordán y se habían preparado con fe, el requisito absoluto para entrar a la Tierra Prometida. Por el desierto quedaron los cuerpos muertos de la generación incrédula, y ahora había un pueblo deseoso de seguir a un líder lleno de fe. Mientras el agua les besaba las sandalias, Josué les dio nuevas instrucciones: no solo debían ubicarse para tomar la tierra sino también para ver las maravillas que haría Dios en el proceso. "Purifíquense, porque mañana el SEÑOR va a realizar grandes prodigios entre ustedes" (Jos. 3:5). Me encanta la definición de la palabra hebrea *pala*, que la NVI traduce por "prodigios" y la RV 1960 "maravillas". "Separar, distinguir; ser maravilloso, hacer cosas maravillosas; cosas asombrosas, milagros. Se usa principalmente con Dios como sujeto, lo cual denota que Él hace cosas que van más allá del poder o las expectativas humanas".[2] Es como si Dios hubiera dicho a los israelitas: "Si ustedes se separan para mí y se consagran, me voy a presentar ante ustedes de maneras más maravillosas y milagrosas de lo que puedan imaginar."

No sé qué pensarás tú, pero yo quisiera contemplar y experimentar todas aquellas maravillas que Dios esté dispuesto a revelarme. No solo quiero tener suficiente fe para que Dios me conceda mi Tierra Prometida, sino que además deseo ver asombrosas hazañas divinas. De modo que mi vida debe estar consagrada en un esfuerzo activo para aumentar mi santidad. Anteriormente te dije que yo le pido a Dios que haga algo asombroso para ti mientras lees con atención el mensaje de este libro. Te he pedido que consideres la posibilidad de destinar un marco de tiempo para participar con Dios en tres prácticas de fe. La segunda práctica es aumentar tu nivel de santificación en forma notable durante el lapso acordado. Los medios para lograrlo son un asunto entre Dios y tú, pero algunos pocos ejemplos del primer grupo que se me unió para un compromiso de nueve semanas podrían ayudarte a poner las cosas en marcha.

Dios me ha concedido el placer de poder ministrar a un grupo de personas muy diversificado que va desde los que nunca van a la iglesia hasta los que están en el ministerio a tiempo completo. Gracias a Dios en Living Proof Ministries,* la organización que presido, no solo le predicamos al coro de la iglesia. (Sin embargo, me parece importante comentar que en el pasado cometí pecados serios los sábados antes de cantar en el coro los días domingo. Soy de las que cree que el coro necesita oír predicaciones tanto como cualquier otra persona.) Entre nuestros distintos participantes algunos decidieron no asistir a discotecas ni tener relaciones sexuales ilícitas durante nueve semanas. Esto fue un comienzo de importancia y un sacrificio notable para algunos acostumbrados a cierto estilo de vida. Otros que tenían problemas con la bebida, decidieron dejar el alcohol. Algunos dejaron de mirar películas no aptas para menores y programas de televisión inapropiados. Otros que nunca habían leído la Palabra de Dios con constancia se comprometieron a tener un tiempo diario de lectura bíblica y oración. Algunos participantes dejaron la música secular y durante nueve semanas la reemplazaron con música cristiana contemporánea. Otros que ya estaban observando disciplinas espirituales, dejaron cierta clase de comida o cierta práctica. Muchos dejaron de comer chocolate... ¡Eso es compromiso! La meta era elegir algo suficientemente importante como para que afecte el diario vivir.

También adoptamos un recordatorio muy eficaz que te pido también consideres tú. Fue idea de mi hija Melissa. Cuando empezó la

* N. de la T.: Ministerios Prueba Viviente

adolescencia ella y un pequeño grupo de amigas hicieron un pacto de permanecer vírgenes hasta que se casaran. Al tiempo, cuando Melissa estaba en décimo grado, se enteró de que otra de sus amigas no había podido cumplir con el compromiso. Estas no eran la clase de chicas que la generación de mi madre hubiera descrito como alocadas. Eran chicas amorosas y atractivas. Además eran vulnerables porque no estaban dispuestas a tomar decisiones en blanco y negro y a salir de la zona gris. La noticia del rotundo fracaso de su amiga desconsoló a Melissa, y no solo en razón de la muchacha. Mi hija tenía miedo de que le sucediera lo mismo a ella porque en ese momento de su vida cristiana ella tampoco estaba totalmente consagrada a Dios. Llorando tomó su Biblia, le pidió a Dios que le hablara, e hizo algo que yo no recomiendo pero aprecio cuando Dios lo utiliza. Ella abrió su Biblia al azar, cerró los ojos, y señaló un versículo. En su misericordioso amor divino y teniendo en cuenta la juventud de mi hija, este es el pasaje que Melissa señaló a ciegas:

> "El SEÑOR le ordenó a Moisés que les dijera a los israelitas: 'Ustedes y todos sus descendientes deberán confeccionarse flecos, y coserlos sobre sus vestidos con hilo de color púrpura. Estos flecos les ayudarán a recordar que deben cumplir con todos los mandamientos del SEÑOR, y que no deben prostituirse ni dejarse llevar por los impulsos de su corazón ni por los deseos de sus ojos. Tendrán presentes todos mis mandamientos, y los pondrán por obra. Así serán mi pueblo consagrado. Yo soy el SEÑOR su Dios, que los

sacó de Egipto para ser su Dios. ¡Yo soy el SEÑOR!' "
(Núm. 15:37-41)

Melissa consideró que este pasaje era un mensaje directo de Dios a ella, abrió un cajón, encontró una cinta color púrpura (violeta), y con resolución bajó las escaleras. Con el rostro lleno de lágrimas le arrojó la cinta a mi marido, Keith, extendió su mano derecha y le dijo: "Átame la cinta, papá". Cuando se dio cuenta de lo que representaba, Keith la ató de buena gana. "De esta manera, cada vez que Satanás me tienta sólo tendré que mirar mi muñeca y así recordar el compromiso que asumí." Melissa tuvo puesta la cinta hasta que se convirtió en hilachas. Cuando se la sacó, sintió que el compromiso lo tenía atado al corazón.

Cuando enseñé las lecciones de este material en el estudio bíblico de Houston, la ciudad donde vivo, insté a cada participante a tener cualquier tipo de cordón azul o púrpura atado en la muñeca a lo largo del trayecto. Vimos desde cordones de cuero azul a pulseras de cuentas color púrpura. Mi primera clase y yo usamos una hebra de gruesa lana azul. Una joven era tan tenaz en su nueva vida de fe que hasta la usó el día de su boda, que tuvo lugar durante nuestras nueve semanas. Como le ocurrió a Melissa, recibimos gran ayuda con el recordatorio visible del compromiso que habíamos hecho para aumentar nuestra santificación individual. Las pulseras de santificación no tenían como meta ser yugos de esclavitud legalistas que debían quitarse ante la primera señal de infracción. En su lugar, eran recordatorios de un compromiso y, si era necesario, un llamado a volver a ese compromiso. Hasta ahora ningún participante declaró que los cordones son ineficaces.

¿Considerarías la posibilidad de hacer lo mismo? Te sorprenderás de cuánta motivación proporciona un recordatorio visible. Después que elijas el marco de tiempo y tu forma de practicar un nivel mayor de santificación, por favor busca un cordón azul o violeta que sea resistente y haz que alguien te lo ate en la muñeca. Si eres como muchos de los que hemos hecho este viaje, esta pulsera azul terminará representando algo demasiado importante como para dejarlo cuando llegues al fin del período estipulado. Al final del libro, te diré qué hicimos con nuestras pulseritas luego de las nueve semanas, y te pediré que hagas algo parecido. Evidentemente, uno de los objetivos de esta práctica es ser tan bendecido por los dividendos de una mayor santidad personal que no podemos volver a la vida de antes.

"Jesús les respondía: Mi Padre aun hoy está trabajando, y yo también trabajo." — JUAN 5:17

Consideremos la tercera y última práctica de fe que recomiendo para este viaje:

3. *Escribe en un diario los Diosstops.* En Juan 5:17 Jesús dijo: "Mi Padre aun hoy está trabajando, y yo también trabajo". Si perteneces a Cristo, quisiera sugerir que Él y su Padre no solo están obrando constantemente en el universo y entre los cristianos como un todo.

También están obrando en ti y a tu alrededor a través del tercer integrante de la Trinidad. Lo que tú y yo necesitamos es una visión espiritual más aguda para contemplar parte de su actividad y percibir su presencia con mejor vista espiritual. Estaremos mucho más motivados a seguir caminando por fe. Por lo general, si puedo percibir que Dios está en acción, siento que puedo perseverar en prácticamente todo. En Juan 14:21 Jesús prometió que Él y su Padre se revelarían a aquellos que los aman y procuran caminar en obediencia. Para los tales, hay cierta cantidad de visión espiritual que se desarrolla simplemente al observar.

Le he pedido a Dios que obre profundamente en tu vida durante el marco de tiempo que hayas elegido, de modo que te sientas alentado a practicar la fe como un verbo de acción para el resto de tu vida. Creo que cuanto más "vemos" a Dios en acción, más creeremos; y cuanto más creemos, más podremos ver. A medida que tomas parte con Dios para aumentar tu fe y tu santificación, sin duda Dios obrará grandemente en tu vida. Nuestra tercera práctica de fe es mirar. Cuando vemos destellos de Dios en acción, aludiremos a Diosstop. El "stop" luego de "Dios" es una sigla que significa "saborear toda presencia observable". Dios lleva a cabo tanto que no nos alcanzan los ojos, pero si está dispuesto a hacer visible y apreciable parte de su obra y en cierto sentido su presencia, vamos a querer eliminar las distracciones para poder verlo. ¿No te parece?

Poner por escrito los Diosstops es una manera eficaz de aumentar la visión espiritual. Durante el lapso que hayas escogido, quisiera pedirte que consideres la posibilidad de escribir un diario sobre las maneras grandes y pequeñas en que ves a Dios en acción. Pon por escrito y anota la fecha de las oraciones contestadas y las intervenciones evidentes. Estos escritos no tienen por qué ser largos y descriptivos a menos que lo quieras. Frases y oraciones breves pueden ser suficientes. El objetivo es que notemos a un Dios que siempre obra deseosa y amorosamente en tu vida.

El "stop" luego de "Dios" es una sigla que significa "saborear toda presencia observable".

Estas tres prácticas de fe se convierten en inversiones personales en una gran aventura con Dios. Terminemos el capítulo con una recapitulación. A fin de invitar a Dios a que te dé una fe renovada, se te pide que elijas un marco de tiempo en el cual concentrarte en un nuevo andar de fe, y durante ese tiempo los participantes que lo deseen van a hacer lo siguiente:

1. Levantar el escudo de la fe repitiendo a menudo (ya sea en voz alta o en silencio) las cinco declaraciones de la promesa de fe, hasta que se enraícen en nuestra manera de pensar.
2. Aumentar el nivel de santificación individual de una manera específica, y usar algún tipo de cordón azul como recordatorio.

3. Escribir en un diario los Diosstops, o maneras en que Dios hace observable y visible su presencia o su actividad.

Querido amigo, no solo es posible practicar estos ejercicios de fe, sino que además la atención que requieren redundará en una asombrosa renovación de la mente, y van a disminuir o desaparecer tus derrotas y tus dudas.

"¿Es verdad que Dios les dijo…?"

Si Dios lo dijo, quiero creerlo. Si Dios lo da, quiero recibirlo. Si Dios lo muestra, quiero percibirlo. Si Satanás lo hurtó, quiero recobrarlo.

For the Lord your God is bringing you into a good land, a land of brooks of water

of fountains and springs, flowing forth in valleys and hills;

a land of wheat and barley, of vines and fig trees and pomegranates, a land of

olive oil and honey; a land where you will eat food without scarcity, in which you will not

anything; a land whose [illegible] hills you can dig copper.

When you have eaten and [illegible] your God for the good land

which He has given [illegible] the Lord your God by

keeping His commandments [illegible] statutes which I am comman[illegible]

you today; otherwise, when [illegible] and have built good houses

and lived in them, and when your herds and your flocks multiply, and your silver and gold

"Yo soy el que soy."

multiply, and all that you have multiplies, then your heart will become proud and you

Éxodo 3:14

will forget the Lord your God who brought you out from the land of Egypt, out of the

house of slavery. He led you through the great and terrible wilderness, fiery serpents and

scorpions and thirsty ground where there was no water; He brought water for you

out of the rock of flint. In the wilderness He fed you manna which your fathers did not

know, that He might humble you and that He might test you, to do good for you in the end.

Otherwise, you may say in your heart, 'My power and the strength of my

hand made me this wealth.' But you shall remember the Lord your God, for it is He who is giv[illegible]

you power to make wealth, that He may confirm His covenant which He swore

to your fathers, as it is this day. It shall come about if you ever forget

the Lord your God and go after other gods and serve them and worship them, I testify again[illegible]

today that you will surely perish. Like the nations that the Lord makes to perish before

Capítulo 4

Creerle a Dios: Él es quien dice ser

Hasta ahora hemos aprendido que la fe como verbo de acción es nuestra entrada a la Tierra Prometida, y además nuestro escudo contra la oposición. En el capítulo 3 presenté las cinco declaraciones de la siguiente promesa de fe a fin de reducir el amplio concepto de creerle a Dios en segmentos específicos que podamos manejar.

Dios es quien Él dice ser
Dios puede hacer lo que Él dice que puede hacer
Yo soy quien Dios dice que soy
Todo lo puedo en Cristo
La Palabra de Dios está viva y activa en mí

Las cinco declaraciones se convierten en un escudo de fe para aquellos que permiten que estas penetren la médula de su estructura de fe. Recuerda por un momento el ejercicio que mencioné en cuanto a elevar nuestro escudo de fe al ir contando cada declaración con los dedos de la mano. El principio del pulgar es el más crucial porque todos los otros dependen de este. En lo físico, ninguno cuestionaría que el pulgar es el dedo más fuerte de nuestra mano. Si deseo asir algo con mi mano, pliego los dedos alrededor de ese algo y luego lo aseguro fuertemente con mi pulgar. Podríamos llegar a decir que tenemos asido ese algo en tanto y en cuanto esté asegurado con nuestro pulgar. El principio del pulgar en nuestro escudo "manual" de la fe es la declaración número uno: Creerle a Dios: Él es quien dice ser. En realidad, o bien Él es todo lo que dice ser, o es un mentiroso y por lo tanto indigno de que tengamos fe en Él. Gracias a Dios la Escritura nos dice que en Él no hay engaño.

En la Biblia leemos una y otra vez que cuando Dios estaba por actuar en la vida de su pueblo o estaba por indicarles que volvieran a ubicarse, comenzaba con un recordatorio de quién era Él. Hay numerosos ejemplos, pero consideremos algunos que se relacionan directamente con nuestro concepto de la Tierra Prometida.

> "Yo soy el SEÑOR, que te hice salir de Ur de los caldeos para darte en posesión esta tierra" (Gén. 15:7).
>
> "Yo soy el Dios Todopoderoso. Vive en mi presencia y sé intachable. Así confirmaré mi pacto contigo, y multiplicaré tu descendencia en gran manera" (Gén. 17:1-2).
>
> "Yo soy el Dios de tu padre. Soy el Dios de Abraham, de Isaac y de Jacob.... Ciertamente he visto la opresión que

> sufre mi pueblo.... Así que he descendido para librarlos del poder de los egipcios y sacarlos de ese país, para llevarlos a una tierra buena y espaciosa" (Ex. 3:6-8).
>
> "—YO SOY EL QUE SOY —respondió Dios a Moisés—. Y esto es lo que tienes que decirles a los israelitas: 'YO SOY me ha enviado a ustedes'." (Ex. 3:14).
>
> "Así que ve y diles a los israelitas: 'Yo soy el SEÑOR, y voy a quitarles de encima la opresión de los egipcios... Y los llevaré a la tierra que bajo juramento prometí darles a Abraham, Isaac y Jacob. Yo, el SEÑOR, les daré a ustedes posesión de ella'." (Ex. 6:6,8).

Dios sabía que la mayor fuerza impulsora que tendría el pueblo de Israel para dirigirse a su destino terrenal era la certidumbre de que Aquel que iba delante de ellos era quien decía ser.

El Salmo 100:3 tiene un gran ímpetu que puede pasar desapercibido por su forma poética: "Reconozcan que el SEÑOR es Dios". Sobre todas las cosas, sepan que YHVH, el autor del pacto, es Elohim, el Dios sobre toda la creación. En otras palabras, tú y yo tenemos que saber, no simplemente esperar o pensar, que Aquel que hizo un pacto con nosotros por medio de la muerte de Jesucristo, es Aquel que está sentado en el trono del universo y que creó el cosmos por la palabra de su poder. Nuestra sociedad tiene dioses por todos lados, pero en el mejor de los casos solo se equipara con ellos. Tú y yo podemos saber con certeza que el Señor es Dios. El simple deseo de estar en la senda correcta nunca hará un surco suficientemente profundo para que lo sigamos y lleguemos a nuestra Tierra Prometida. Querido amigo, hasta tanto sepamos dónde estamos y a dónde vamos, no llegaremos a ningún lugar de importancia eterna.

Cristo siguió el mismo enfoque cuando preparó a su pequeño grupo de discípulos para que se dirigieran a una tierra de promesa y empezaran "tanto en Jerusalén como en toda Judea y Samaria, y hasta los confines de la tierra" (Hech. 1:8). En Cesarea de Filipo Cristo reunió a sus discípulos y les hizo dos preguntas cruciales que también requieren respuesta de nuestra parte.

En primer lugar, Jesús preguntó: "¿Quién dice la gente que es el Hijo del hombre?" (Mat. 16:13). Él conocía el poder potencial de la opinión pública. A medida que consideramos la verosimilitud del principio de nuestro dedo pulgar, Dios es quien dice ser, preguntémonos qué dice la gente a nuestro alrededor sobre Jesús. Las opiniones de nuestra cultura recorren todo el espectro desde no creer que Dios existe hasta creer que un texto inspirado en verdad dice quién es Dios. Creo que hay que tener más fe para ser ateo que para ser teísta, de modo que nunca me sentí demasiado tentada a no creer en la existencia de Dios. Hay una abrumadora evidencia a favor. Yo no tendría energía para las racionalizaciones interminables que exige la explicación de una existencia sin Dios. Génesis 1:1 comienza con las palabras "Dios, en el principio, creó…." Quienes creen en un universo sin Dios, hasta ahora no han podido siquiera hallar un comienzo donde basar esa creencia. El Salmo 14:1 declara: "Dice el necio en su corazón: 'No hay Dios' ".

Las filosofías que no incluyen a Dios nunca me han tentado. Según mi propia experiencia, las opiniones más peligrosamente influyentes han sido las de los intelectuales y los eruditos que profesan el cristianismo pero niegan la veracidad y el poder actual que tiene la Biblia. Muchos creen que existe la Deidad, pero no es exactamente lo que la Escritura dice que es. De acuerdo a ellos la Trinidad tampoco hace lo que la Escritura dice que hace. La evidente habilidad de estos estudiosos, apoyada por estudios académicos convincentes, tienta a los que quieren creer en la Palabra de Dios y los hace sentir ingenuos e ignorantes. La crítica tácita es: "¿Cómo puedes ser tan cándido y creer en eso?" Traducción: "¿Es verdad que Dios les dijo...?" Como le sucedió a Eva, nosotros queremos ser listos, y terminamos tomando la decisión más tonta de nuestra vida. Nada demuestra tanta ignorancia como escoger la inteligencia del hombre por sobre la inteligencia de Dios.

Igualmente alarmante es el potencial de que teologías más humanamente razonables satisfagan la necesidad de creer en un dios, pero ese dios menor en que creen no es el Dios de la Escritura. No me parece que el mayor peligro para nuestra teología sea el humanismo ni la cantidad de religiones mundiales. Nuestro mayor peligro es un cristianismo fabricado y simplista. Si la persona pone su fe en un dios que ella misma ha re-creado a su propia imagen, ¿acaso ha puesto su fe en Dios? Si la respuesta es negativa, ¿cómo puede salvarse esa persona?

Por otra parte, una persona puede creer en la Escritura lo suficiente como para aceptar a Cristo como Salvador, pero al mismo tiempo puede negarse a aceptar el resto de lo que Él dice ser. Yo soy la esposa de Keith, pero ¿qué sucedería si Keith no aceptara que también soy la madre de sus hijos? ¿O qué si no aceptara que he sido llamada a servir a Dios? Con el corazón dolorido yo me preguntaría cómo puede ser que diga conocerme. La Biblia describe a un Dios que es al mismo tiempo miles de cosas para sus hijos. Gracias a Dios que muchas iglesias e institutos cristianos de educación superior enseñan sobre el Dios de la Escritura, pero ¿por qué muchos otros recurren a una teología de un dios inferior?

Si al procurar más conocimiento Dios se ha empequeñecido a nuestros ojos, hemos sido engañados.

Creo que una de las razones es nuestra arrogante determinación de definir a Dios de modo distinto de lo que Él se autodefine. Cualquier intento humano de definir a Dios simplemente lo minimiza. No sé por qué pero deseamos poner a Dios en una caja bonita y explicar todo lo relacionado con Él. Llegamos a la conclusión de que aquello que no podemos explicar no es verosímil. Tratamos de que Dios entre en nuestros limitados libros de texto. Queremos que se calme y no sea tan… bueno, que no sea tan Dios. Optamos por creer solo aquello que podemos aceptar desde la perspectiva humana. Nuestro orgullo y nuestra desesperación por sentirnos hábiles e inteligentes ha hecho que no estemos dispuestos a dar la única respuesta humana para alguna cuestiones teológicas: "No lo sé, pero sé que lo que Él dice es cierto aunque no lo pueda explicar ni lo pueda cuadrar con lo que ha sucedido".

Todos los intentos por eliminar el misterio y las maravillas de Dios lo convierte en algo que no es. El León de Judá es indomable. Dios es misterioso, nos maravilla, y sí, es hasta un poco indómito, y no podemos eliminar esas cualidades. Además, si entendiéramos los misterios de Dios, no querríamos eliminar todo eso. Si encontramos a un Dios a quien podamos explicar plenamente, no hemos encontrado al Dios de la Biblia. Debemos tener cuidado de no re-crear una imagen de Dios que nos haga sentir más a gusto. Tengo la seguridad de que si al procurar más conocimiento Dios se ha empequeñecido a nuestros ojos, hemos sido engañados. No me importa cuán inteligente parezca el engañador ni lo bienintencionada y sincera que sea su doctrina.

Incontables madres me han dicho que estaban buscando una escuela cristiana donde sus hijos pudieran obtener "una buena educación y aprender un poquito sobre Dios". Ten cuidado de que tus hijos no estén aprendiendo que Dios es algo pequeño y sin importancia. ¿Qué clase de teología están enseñando nuestras escuelas? No existen las iglesias ni las escuelas ni las universidades cristianas perfectas porque todas están llenas de personas como nosotros, llenas de fallas. Sin embargo, no tenemos que aceptar una teología de un Dios sin importancia porque es la enseñanza corriente. El Dios de la Escritura (no simplemente el dios que la gente dice que es) puede llegar a ser la meta de nuestra vida. Lo hermoso de todo esto es, por cierto, que Dios no cambia ni un ápice independientemente del concepto que el ser humano tenga de Él. Sin embargo, todo el futuro humano depende de lo que el hombre diga de Él. Por eso Jesús formuló la segunda pregunta: "Y ustedes, ¿quién dicen que soy yo?"

¿Quién es Dios? Al considerar el primer principio de nuestro dedo pulgar, Dios es quien dice ser, será bueno preguntarnos "¿Quién digo yo que es Dios?" Conviene tener la valentía de inventariar cómo hemos desarrollado nuestras percepciones actuales de Dios, y cuán bíblicamente precisas son dichas percepciones. Muchas personas y muchos factores pueden influir en lo que creemos sobre Dios: nuestros abuelos, nuestros padres, nuestra crianza, nuestros maestros, nuestros amigos, nuestros enemigos, nuestras experiencias, nuestra salud, nuestras dificultades, nuestros consejeros o terapeutas, y todos los medios de comunicación imaginables. Si asistimos a la iglesia, nuestros pastores y líderes y su autenticidad (o falta de ella) sin duda han afectado nuestro concepto de Dios. ¿Acaso esos factores nos han llevado a creer que Dios es quien dice ser? ¿A creer que es menos? ¿A creer que es alguien distinto? Al hacernos preguntas difíciles, recordemos que la fe sin cuestionamientos por lo general es una fe pasiva.

Tal vez coincidamos en que nuestro destino eterno se ve afectado por lo que creemos que es Dios, pero creo que nada tiene un efecto más grande sobre la calidad de nuestra vida y el cumplimiento de nuestro destino aquí en la tierra. La Escritura abunda en evidencia, y parte de ella la vemos en los versículos que siguen a la gran pregunta de Cristo a sus discípulos:

"—Y ustedes, ¿quién dicen que soy yo?

"—Tú eres el Cristo, el Hijo del Dios viviente —afirmó Simón Pedro.

"—Dichoso tú, Simón, hijo de Jonás —le dijo Jesús—, porque eso no te lo reveló ningún mortal, sino mi Padre que está en el cielo. Yo te digo que tú eres Pedro, y sobre esta piedra edificaré mi iglesia, y las puertas del reino de la muerte no prevalecerán contra ella. Te daré las llaves del reino de los cielos; todo lo que ates en la tierra quedará atado en el cielo, y todo lo que desates en la tierra quedará desatado en el cielo" (Mat. 16:15-19).

Aunque Cristo iba a edificar su iglesia sobre el fundamento del testimonio de los apóstoles, no creo que Pedro haya creído que Cristo dijo que edificaría la totalidad de su iglesia solo sobre su mejor alumno (comparar 1 Cor. 3:11). En el Nuevo Testamento en griego la palabra que se usa para Pedro es *Petros*, que por lo general significa "una piedra, un pedazo o fragmento" de una roca más grande. La palabra usada para la "roca" sobre la cual Cristo edificaría su iglesia es *petra*, que por lo general significa "una roca grande o un acantilado". ¿Acaso es posible que Cristo se señalara a sí mismo como la gran roca sobre la cual Él edificaría su iglesia, y señalara a Pedro como el pedacito de la gran Roca cuyo testimonio de Cristo pondría el cimiento para muchos? No estoy segura de qué quiso decir Cristo exactamente, pero es claro que a Pedro le fue asignada una posición y una responsabilidad inmensa en el reino. No hay lugar a dudas: "Te daré las llaves del reino de los cielos" (Mat. 16:19).

Según antiguas tradiciones del Oriente, el señor o rey de un estado le daba a un mayordomo de confianza la llave de sus posesiones a fin de que las administrara de acuerdo a los deseos del amo. José es un ejemplo del Antiguo Testamento en cuanto a un mayordomo de confianza. Aunque él tenía grandísimas responsabilidades, el reino estaba edificado sobre Faraón, el gobernante indiscutible. Cuando José demostró ser tenaz y confiable, Faraón en realidad le dio un juego de llaves para que administrara las provisiones del reino (por ejemplo el grano) de acuerdo a los deseos del monarca. Consideremos el paralelo: José era digno de confianza porque sabía que el faraón era quien decía ser. También sabía, sobre todas las cosas, que Dios era quien decía ser y que su autoridad soberana estaba en acción.

En nuestro ejemplo Pedro recibió su destino terrenal e iba a cumplirlo primero y principal porque creía que Cristo era lo que Dios le había revelado que era. ¿Ves la conexión innegable entre creerle a Dios en cuanto a lo que dice ser, y cumplir con nuestro destino, que fue ordenado por Dios? La terminología griega original en Mateo 16:19 también tiene implícito otro concepto que resultará vital para nuestro andar en la fe. Cristo no solo le prometió a Pedro las llaves del reino, sino que además prometió: "todo lo que ates en la tierra quedará atado en el cielo, y todo lo que desates en la tierra quedará desatado en el cielo".

En la cultura cristiana contemporánea escuchamos mucho sobre "atar y desatar". Quiero saber qué significa la frase porque, francamente, deseo hacer en este mundo todo aquello para lo cual Dios me dé poder. No me quiero perder nada. A fin de entender la intención de Cristo, nuevamente tenemos que hablar de tiempos verbales. En Mateo 16:19 las palabras "atar" y "desatar" son participios pasivos perfectos que se podrían interpretar más literalmente diciendo "haber sido atado" y "haber sido desatado".

La tónica de esta interpretación se puede ver en la siguiente paráfrasis: "Todo aquello que ates (que declares impropio e ilícito) en la tierra debe ser lo que ya está atado en el cielo; y todo aquello que desates (que declares lícito) en la tierra debe ser lo que ya está desatado en el cielo".

Dios no obra para nosotros, sino que nosotros obramos para Dios.

Si esta interpretación del tiempo verbal es correcta, no tenemos por qué desilusionarnos. En realidad, el concepto tiene implicaciones más amplias y más maravillosas desde esta perspectiva. El principio implícito es congruente con la esencia de la oración que Jesús les enseñó a sus discípulos: "Hágase tu voluntad en la tierra como en el cielo" (Mat. 6:10). Piensa en este concepto conmigo. ¿Por qué Dios habría de dar un cheque en blanco a los seres humanos para atar y desatar todo aquello que crean está mal o bien? Tomemos el ejemplo de Pedro. Unos versículos después que Jesús proclamó el futuro lugar de autoridad de Pedro, este reprendió a Jesús por tener la audacia de sugerir que debía "sufrir muchas cosas a manos de los ancianos, de los jefes de los sacerdotes y de los maestros de la ley, y que era necesario que lo mataran" (Mat. 16:21). Si Pedro se hubiera salido con la suya, habría atado la cruz y sin saberlo hubiera desatado del mundo toda esperanza de salvación.

Dios no está sentado en su trono diciendo: "Uy, yo no hubiera hecho eso, pero ahora que lo hiciste tú, te sigo la corriente". Recuerda que Dios no obra para nosotros, sino que nosotros obramos para Dios. Si Él hubiera permitido que yo me saliera con la mía, para cuando cumplí 25 años yo hubiera atado y desatado 3 o 4 maridos. El deseo divino es ver que los creyentes atan y desatan lo que Él desea. Querido amigo, Dios nos ha dado muchísimo. Él preordenó un plan perfecto para nuestra vida y tiene guardadas incontables bendiciones que anhela que sus hijos desaten por la fe. David entendió el concepto cuando cantó: "Cuán grande es tu bondad, que atesoras para los que te temen, y que a la vista de la gente derramas" (Sal. 31:19). La terminología que usó David no parece ser una promesa que solo tendrá lugar en el cielo. "A la vista de la gente" da a entender que algunas bendiciones celestiales se disfrutarán en la tierra.

Dios nos ha invitado a participar de las cuestiones del reino e, incluso, de la autoridad del reino bajo el dominio de su justa voluntad. Él confiere sorprendente poder a quienes están dispuestos a pensar con la mente de Cristo en vez de hacerlo con la mente humana. Dios además confiere poder a sus hijos para que aten incalculables maldades y fortalezas si le creemos a Dios y cooperamos con Él. ¡Eso es vida abundante! ¿Dónde comienza esta clase de existencia? Con respuestas bíblicas a la pregunta crucial: "Y ustedes, ¿quién dicen que soy yo?"

Dios está buscando administradores que estén dispuestos a atar su propia incredulidad en el poderoso nombre de Jesús y dispuestos a desatar una nueva unción de fe durante la vida terrenal. ¿Te animas a ser de la partida?

“Señor, he sabido de tu fama; tus obras Señor, me dejan pasmado. Realízalas de nuevo en nuestros días, dalas a conocer en nuestro tiempo.”

Habacuc 3:2

Capítulo 5

Creerle a Dios: Él puede hacer lo que dice que puede hacer

Terminamos el capítulo anterior con un entendimiento más profundo de lo que como discípulos de Cristo podemos atar y desatar en esta generación. La segunda declaración de nuestra promesa de fe nos enfrenta a un gran desafío: atar nuestra incredulidad y desatar una nueva unción de fe. Recordemos la primera declaración:

Dios es quien Él dice ser.

Comparémosla con la segunda declaración:

Dios puede hacer lo que Él dice que puede hacer.

Dios puede hacer lo que Él dice que puede hacer,
precisamente porque es quien Él dice ser.

Estoy convencida de que la mayoría de nosotros tendemos a aceptar la primera declaración de nuestra promesa más rápidamente que la segunda. Nos damos menos prisa en asumir que Dios es capaz —o que quizá está más dispuesto deliberadamente— a hacer lo que Él dice que puede hacer. Pero precisamente, la ironía reside en que Dios puede hacer lo que Él dice que puede hacer, precisamente porque es quien Él dice ser. Casi todos los títulos bíblicos de Dios conectan de forma inseparable el quién es con lo que puede hacer. Por ejemplo, como Salvador, salva; como Libertador, libera; como Redentor, redime; como Señor, ejerce autoridad; como Pan de Vida, suple nuestras necesidades; y como Omnipotente, ejerce fuerza divina.

Hace seis años, antes de que Dios insistiera en llamarme a renovar mi fe, yo creía sin lugar a dudas que Él era quien decía ser, pero estaba mucho menos segura de que hoy día seguía haciendo milagros. A mí me enseñaron que en la actualidad Dios no hace muchos milagros porque vivimos en una época diferente del calendario del reino. Dios no solo me hizo ver que estaba equivocada, sino que creo que también disfrutó poniendo patas arriba mi bien organizadito y arregladito sistema de creencias. Parecía que le gustaba replicar: "Oh, sí que lo haré" a los "Oh, no, no lo hará". Dios está dispuesto a hacerle ver a su propio pueblo que está equivocado, para demostrar que su Palabra divina no lo está. Jamás actúa de forma contraria a las Escrituras, pero el tema que nos ocupa es la "fortaleza" de incredulidad que se ha forjado en la iglesia en cuanto a las acciones bíblicas de Dios.

Tengo una amiga que durante muchos años luchó con ciclotimia extrema, una enfermedad que más tarde le sería diagnosticada como desorden bipolar o bien psicosis maníaco-depresiva. Por lo que ella me ha contado, no estoy segura de que hoy día a la iglesia no le podrían diagnosticar un caso espiritual de algo parecido. La diferencia principal estriba en que el cuerpo de Cristo siente a la vez las dos situaciones extremas. En cuestiones de fe y milagros existen dos enseñanzas totalmente opuestas, y esto hace que seamos un solo cuerpo con una mente dividida. Para nuestros propósitos, vamos a llamar a nuestros dos extremos *cesacionismo* y *sensacionalismo.* La enorme fuerza que atrae a los cristianos a un extremo o al otro es abrumadora. Tanto como el inseguro deseo del hombre de tener una doctrina blanca o negra, un extremo o el otro. Nos sentimos seguros en los *siempre* y *nunca*; de ahí nuestra existencia bipolar.

Dicho de forma sencilla: el cesacionismo enseña que los milagros más espectaculares han cesado en nuestra época. El sensacionalismo enseña que el meollo principal de la fe son los milagros. La primera creencia afirma que en nuestra época Dios no quiere tener nada que ver con milagros, y la segunda retrata a Dios como un gran fabricante de milagros. Yo amo al cuerpo de Cristo, y tengo amigos muy queridos y gente a quien respeto en todos los lados de este espectro. Yo no me quejo de la gente. Me quejo de la tendencia de la gente, como yo, a caer en extremos doctrinales. La verdad es que me ha entrado tortícolis de observar a ambos, y le pido a Dios que nos dé un punto medio bíblico.

En los Evangelios, Cristo llamó generación incrédula y perversa (Luc. 9:41) a quienes no tenían fe para creer en milagros. Por otro lado, a los que enfocaban toda su atención en los milagros, los llamó generación adúltera y malvada (Mat. 16:4). Si en nuestra generación el cuerpo de Cristo va a ser bipolar, nuestras opciones son elegir entre ser una generación incrédula y perversa, o una generación malvada y adúltera. La verdad es que estas opciones no son nada buenas. Pero ambas tienen algo en común: dependen mucho de las experiencias. El sensacionalismo busca experiencias, y el cesacionismo solo cree lo que ve y experimenta de forma personal. El sensacionalismo sugiere que todo lo posible es también probable, mientras que el cesacionismo solo acepta lo probable ahora como posible ahora.

Ambos extremos pueden llegar a ser altamente ofensivos para Dios. Puede que la ofensa más grave del sensacionalismo sea su abrumadora tendencia a ser homocéntrico en vez de teocéntrico, dándole prioridad a lo que Dios puede hacer y no a quien Él es. La razón por la que Cristo tachó de adúlteros a los que buscaban milagros es porque veneraban más los milagros de Dios que al mismo Dios. Igualmente idólatra, el sensacionalismo sugiere que podemos creerle a Dios siempre y cuando haga lo que le digamos que haga, como si nosotros fuéramos el alfarero y Dios el barro. Antes de que tú llegues a la conclusión de que el sensacionalismo es la peor ofensa de los dos extremos, también tienes que sopesar el cesacionismo. No solo priva al creyente de disfrutar de Dios y de las recompensas que obtienen los que guardan la fe (Heb. 11:6); también debilita gravemente la esperanza. Fijémonos en la estrecha asociación que hay entre fe y esperanza en las Escrituras:

- "La fe es la garantía de lo que se espera" (Heb. 11:1).
- "Por medio de él ustedes creen en Dios, que lo resucitó y glorificó, de modo que su fe y su esperanza están puestas en Dios" (1 Ped. 1:21).
- "Contra toda esperanza, Abraham creyó y esperó [ejercitó su fe] y de este modo llegó a ser padre de muchas naciones" (Rom. 4:18).
- "Ahora, pues, permanecen estas tres virtudes: la fe, la esperanza y el amor" (1 Cor. 13:13).

Las doctrinas hipercesacionistas pueden derribar los cimientos de nuestra esperanza. Querido amigo, nadie, por brillante, persuasivo, o acreditado que sea, debería tener derecho a quitarnos la esperanza. El Dios a quien servimos es poderoso (Dan. 3:17). Todo es posible para Él (Mar. 9:23). Nada es imposible (Luc. 1:37). Siempre podemos esperar un milagro, y orar diligentemente a Él. Si Dios, en su soberanía, decide lograr sus propósitos de otra forma, que no sea que no obtengamos porque no hayamos pedido (Sant. 4:2) o que no tengamos porque no hayamos creído (Mat. 9:29).

En 2 Corintios 1:20 se nos dice que "Todas las promesas que ha hecho Dios son 'sí' en Cristo". Él dio su vida para que Dios pudiera decirle sí al cumplimiento de sus promesas en la vida de los creyentes. Por tanto, estoy convencida de que cada *no* que recibe del Trono un hijo de Dios que ora sinceramente es por el bien de un *sí* mucho mayor, se lleve a cabo en la tierra o en el cielo. A un creyente de participio activo presente le parecerán bien los milagros. A veces el mayor milagro puede ser vida abundante, redención, ministerio y una cosecha abundante después de un no al que no pensábamos llegar a sobrevivir. Si te atreves a creer y no ves el milagro, Dios tiene preparado otro mayor. Tienes que avenirte a ello. Si lo que necesitas desesperadamente o deseas profundamente está fundado en la Palabra de Dios, no permitas que nadie te diga que Dios no puede hacerlo... o que seguro que no lo hará.

"Y se llamará su nombre Admirable" (Isa. 9:6 RV 1960). Admirable en razón de todas sus maravillas. Si le quitamos las maravillas a Dios, ya no podemos llamarlo maravilloso ni admirable. ¿Es que acaso Dios ha dejado de ser admirable hoy día?

En *C.S.Lewis: Readings for Meditation y Reflection* [C.S. Lewis: Lecturas para meditación y reflexión], Walter Hooper, el editor, defiende varias de las ideas de este autor, que tienen que ver con nuestro tema. Lewis aconsejaba: "No trate de aguar el cristianismo. No se puede pretender que sea posible tenerlo si se deja fuera lo sobrenatural. Por lo que yo entiendo, el cristianismo es precisamente la única religión de la que no se puede separar lo milagroso".[3]

Aunque mi ministerio es interdenominacional, lo cual es un gozo para mí, asisto y sirvo en una iglesia que es parte de una denominación conocida por muchas cosas maravillosas, como el énfasis en el evangelismo y en las misiones transculturales, pero no tenemos fama de creerle a Dios por lo milagroso. No puedo expresar lo agradecida y feliz que estoy de poder decir que mi preciosa iglesia —igual que muchas otras— es una excepción de dicho estereotipo. Una razón por la que sé sin lugar a dudas que Dios sigue haciendo milagros es porque los he visto en mi propia congregación. Dios por cierto ha sanado de enfermedades crónicas y terminales a varios hermanos y hermanas a quienes conozco personalmente, y Él además ha intervenido de incontables formas que solo pueden ser divinas. Al mismo tiempo, también hemos doblado las rodillas ante Dios cuando este ha obrado de forma diferente en las vidas de otros seres queridos, lo que me lleva a mi siguiente declaración: No discutiré que la iglesia como un todo solo ve una fracción de los milagros descritos en los Evangelios y en Hechos.

Muchos podrían decir que los milagros del Nuevo Testamento tenían como único propósito autenticar a mensajeros y mensaje; por lo tanto, como la iglesia ya está establecida y las Escrituras están completas, ya no son necesarios. Sin embargo, las distintas circunstancias en que se realizaron milagros, apuntan a que la autenticación no podía haber sido el único objetivo de los milagros. Cristo también hizo milagros por pura compasión. En Naín resucitó al hijo de una viuda porque "se compadeció de ella" (Luc. 7:13). Lucas 5:17 también sugiere que en otras ocasiones Jesús hizo milagros porque "el poder del Señor estaba con él", o podríamos decir, "creaba el ambiente" para hacerlo.

No dudo de que hay una multitud de razones por las que el cuerpo de Cristo de hoy día es testigo de menos milagros y maravillas que la iglesia primitiva, pero para nuestro objetivo, voy a señalar dos. La primera es una convicción personal que seguramente ya resulta obvia a esta altura del libro. Me temo que somos una generación terriblemente incrédula, sobre todo los que vivimos en el próspero mundo occidental. Las noticias de milagros nos llegan de muchos países del Tercer Mundo, donde parece que lo único que tienen es fe. La razón por la que soy rápida en percibir a creyentes incrédulos es porque a veces no hay más que mirarse a uno mismo. Durante muchos años de mi vida adulta me encontré en la línea de frente. Estamos atrapados en un círculo vicioso. Creemos poco porque vemos poco, así que vemos poco y seguimos creyendo poco. Ya es hora de que echemos a la basura este tambaleante círculo vicioso y lo cambiemos por un medio de transporte que de verdad nos lleve a algún sitio. Para hacer el trueque, tenemos que dejar de aceptar lo visible como lo único posible, y comenzar a creer lo que dice Dios por encima de lo que ve el hombre.

La segunda razón por la que vemos menos milagros puede ser un reflejo mínimo de lo que algunos cesacionistas consideran que es el todo. Aunque sé que los milagros no han dejado de existir, porque los he visto y experimentado, no voy a discutir que en su soberanía, Dios pueda tener un propósito mayor y prioridades más altas para realizar más milagros en ciertas generaciones y latitudes que en otras. Mi argumento es que no nos vendrían nada mal unas cuantas obras profundas de Dios en nuestros aquí y ahora, y quizá Él simplemente esté esperando que nosotros mostremos un poco de fe colectiva y comencemos a pedirle. Incluso muchos de mis amigos cesacionistas creen que antes del fin de los tiempos volverá a haber una época de milagros y maravillas. Yo les pregunto algo bastante simple: ¿Por qué eso no puede pasar ahora? ¿Hay que esperar? ¿Estará incluso Dios esperando que ahora se produzca un avivamiento de fe? Él es el iniciador, el mismo Autor de la fe (Heb. 12:2). ¿Será que este desasosiego e insatisfacción que sentimos en el alma es Cristo que inicia y autoriza un nuevo día de fe renovada y de Espíritu derramado? Oh, Dios, que así sea. Por favor, no llegues a la errónea conclusión de que creerle a Dios implica creerle solo para que haga milagros espectaculares. Pero si al creerle no incluimos lo milagroso, ¿te imaginas la tragedia de todo lo que nos podríamos perder?

Está claro que no somos la primera generación que se está perdiendo maravillas abundantes. La generación de Gedeón estaba sufriendo una opresión terrible por parte del enemigo. Se escondieron en fortalezas y cayeron en una ineficacia que quedaba sumamente lejos de su posición prometida. ¿Te resulta conocido esto? Empobrecidos, los israelitas clamaron al Señor pidiéndole ayuda. Considera lo que sucedió.

"Cuando el ángel del SEÑOR se le apareció a Gedeón, le dijo: 'El SEÑOR está contigo, guerrero valiente'".

"'Pero, Señor', replicó Gedeón, 'si el SEÑOR está con nosotros, ¿cómo es que nos sucede todo esto? ¿Dónde están todas las maravillas que nos contaban nuestros padres?'" (Jue. 6:12–13). En su gran misericordia, Dios le llegó a dar a la fe de Gedeón montones de evidencias y aliento para aumentar y crecer. Lo único que quería es que él cooperara un poco. Podríamos decir que un grano de mostaza. El resto es historia conocida. El precedente que sentó Dios en la generación de Gedeón me proporciona bastante ánimo para publicar este mensaje. Incluso si las masas no invitan a Dios a derramar una unción nueva de fe sobre su iglesia, Él todavía puede realizar maravillas por medio de un pequeño ejército.

Generaciones después del encuentro de Gedeón con el Dios de las maravillas, el pueblo de Dios volvió a buscar los milagros que faltaban. El salmista formuló una pregunta sumamente crítica en el Salmo 77:7: "¿Nos rechazará el Señor para siempre?" Sigue conmigo el hilo de sus pensamientos en lo que dice en los versículos 10–14:

> Y me pongo a pensar: "Esto es lo que me duele:
> que haya cambiado la diestra del Altísimo".
> Prefiero recordar las hazañas del SEÑOR,
> traer a la memoria sus milagros de antaño.
> Meditaré en todas tus proezas;
> evocaré tus obras poderosas.
> Santos, oh Dios, son tus caminos;
> ¿Qué dios hay tan excelso como nuestro Dios?
> Tú eres el Dios que realiza maravillas;
> el que despliega su poder entre los pueblos.

Vuélvelo a leer: "Tú eres el Dios que realiza maravillas." Está en tiempo presente.

Los hijos de Coré se hacen eco del mismo sentimiento en el Salmo 44:1. "Oh Dios, nuestros oídos han oído y nuestros padres nos han contado las proezas que realizaste en sus días, en aquellos tiempos pasados". Al igual que nosotros, ellos habían oído con los oídos, pero querían ver con los ojos a toda costa. ¡Lo mismo nos pasa a nosotros! Y así es nuestro mundo. El Salmo 74 da a entender que cuando Dios no hacía milagros, su pueblo daba por hecho que algo andaba mal (como Gedeón), y los sabios se ponían a buscar la desconexión. Los versículos 9 y 11 dicen: "Ya no vemos ondear nuestras banderas; ya no hay ningún profeta, y ni siquiera sabemos hasta cuándo durará todo esto… ¿Por qué retraes tu mano, tu mano derecha?" El versículo 22 es una súplica: "Levántate, oh Dios, y defiende tu causa".

Si es cierto que estamos viendo pocos milagros de Dios en medio de su pueblo y por medio de su pueblo, ¿no deberíamos preguntarnos por qué? ¿Es que no estamos tan desesperados como estaban ellos? ¿Acaso Dios ya no está dispuesto a intervenir milagrosa y maravillosamente en favor nuestro? Estamos rodeados de un mundo agonizante y depravado, con violencia creciente y amenazas de destrucciones masivas, enfermedades, plagas, religiones falsas y tentadoras, y una oleada furiosa de ataques y seducciones satánicas. Estamos desesperados por ver maravillas y milagros de Dios. Necesitamos que nos muestre su poderoso brazo, y decirle al mundo que está vivo, activo, y bien pendiente de nosotros. Se nos dice que las iglesias están atravesando una etapa de terrible decadencia. Muchos pastores y líderes están deprimidos. Oprimidos. Estamos rodeados de gente que no tienen idea de la verdad. Necesitamos más de lo que pueden lograr los mejores programas y planes organizativos. Necesitamos más que lo que nos atrevemos a imaginar o a preguntar.

Ojalá la iglesia se postrara y clamara en voz alta con las palabras del profeta Habacuc: "SEÑOR, he sabido de tu fama; tus obras, SEÑOR, me dejan pasmado. Realízalas de nuevo en nuestros días, dalas a conocer en nuestro tiempo" (3:2).

Ha llegado la hora de que la iglesia apele a "la diestra del Altísimo" (Sal. 77:10).

For the Lord your God is bringing you into a good land, a land of brooks of water,
of fountains and springs, flowing forth in valleys and hills;
a land of wheat and barley, of vines and fig trees and pomegranates, a land of
olive oil and honey; a land where you will eat food without scarcity, in which you will not lack
anything; a land whose [illegible] hills you can dig copper.
When you have eaten and [illegible] for the good land
which He has given [illegible] the Lord your God by
not keeping His commandments [illegible] statutes which I am commanding
you today; otherwise, when [illegible] and have built good houses
and lived in them, and when your herds and your flocks multiply, and your silver and gold

"¿No te dije que si crees verás la gloria de Dios?"

Juan 11:40

multiply, and all that you have multiplies, then your heart will become proud and you
will forget the Lord your God who brought you out from the land of Egypt, out of the
house of slavery. He led you through the great and terrible wilderness, fiery serpents and
scorpions and thirsty ground where there was no water; He brought water for you
out of the rock of flint. In the wilderness He fed you manna which your fathers did not know,
that He might humble you and that He might test you, to do good for you in the end.
Otherwise, you may say in your heart, 'My power and the strength of my
hand made me this wealth.' But you shall remember the Lord your God, for it is He who is giving
you power to make wealth, that He may confirm His covenant which He swore
to your fathers, as it is this day. It shall come about if you ever forget
the Lord your God and go after other gods and serve them and worship them, I testify against
you today that you will surely perish. Like the nations that the Lord makes to perish before

Capítulo 6

CREERLE A DIOS: ÉL SABE LO QUE ES MEJOR

Quiero muchas cosas para mis hijas. Sin reparo alguno le pido a Dios que las bendiga y les muestre su favor divino. Le pido que les dé buena salud, muchísimo gozo, relaciones amorosas duraderas con sus esposos, risa, salud, hijos felices y montones de buenos amigos. Tampoco tengo problemas pidiéndole a Dios que si lo desea les haga vivir a poca distancia de mí, para que yo pueda acunar con frecuencia a mis nietos, llevarlos al parque cuando sean mayores y lanzar unas cuantas canastas de baloncesto cuando sean aún más mayores. Sabiendo que mis hijas dedican sus vidas al ministerio —con todo lo que eso significa— no me quedo atrás a la hora de pedir que Dios las libere de luchas económicas constantes y de desilusión en el trabajo de la iglesia. Esas peticiones son importantes para mí. No siento ninguna convicción de pecado aunque la naturaleza de algunas de esas peticiones sea temporal.

Lo único que importará eternamente en nuestro estado celestial es la gloria que le otorguemos a Dios por medio de nuestra vida.

Por mucho que yo espere que Dios les conceda a mis hijas todas esas cosas, se trata de mi lista B. Tú ya imaginas que tengo una lista A. Quiero que mis hijas amen a Dios. Les digo con mucha frecuencia que su herencia que les dejo es un amor apasionado por Dios, así como una constante conciencia de su gracia, y que ni la mediocridad ni el legalismo tienen lugar en nuestro árbol genealógico. Quiero que mis hijas amen la Palabra de Dios y descubran la vida, la sanidad y el poder que hay en ella. Quiero que mis hijas amen a la gente y la traten con compasión y amabilidad. Pero más que ninguna otra cosa en la tierra —los ojos se me llenan de lágrimas al escribir estas palabras— quiero que Dios sea glorificado por medio de mis hijas. Quiero miles de cosas para ellas, y las pido sin dudar, pero lo que más quiero es que Dios sea glorificado. La vida pasa como un suspiro. Lo único que importará eternamente en nuestro estado celestial es la gloria que le otorguemos a Dios por medio de nuestra vida.

Por esta razón Dios y yo hemos hecho un trato. Yo sé que sus recursos son inagotables y que nunca llegaré a pedir más de lo que Él pueda otorgar, por eso me siento con libertad de pedir todo lo que deseo para mis seres queridos, y después trato de ser prudente al saltar de alegría con un corazón agradecido por todo lo que Dios concede. Al mismo tiempo Dios sabe cuáles son mis prioridades absolutas para ellos. Por eso, si alguna cosa de mi lista A podría cancelar algo de mi lista B, temporal o incluso permanentemente, que así sea. Me arrodillaré no importa lo que me cueste, porque mi mayor desesperación es que conozcan y sientan la más verdadera de todas las riquezas. Y seguiré orando por A y B y un montón de Ces como "Señor, Amanda y Curt tienen muchísimas ganas de ir al planetario. ¿Los puedes ayudar con el dinero de las entradas?"

Dios tiene poder y autoridad para darnos cualquier cosa de una lista de la A hasta la Z. Suyos son todos los recursos del cielo y de la tierra. Incluso si alguna de las cosas que he pedido para mis hijas requiriera un milagro, no dudo de que Dios podría lograrlo. Pero cuando esté en el cielo estoy segura de que el milagro que me parecerá mayor de todos será el de mis hijas consagradas a Dios, que lo glorificaron a pesar de tener padres pecadores que solían estar esclavizados. Dios ha realizado milagros para mi bien, hasta el punto de una sanidad física, pero hasta la fecha, Keith y yo creemos que el mayor milagro es la forma en que está transformando nuestro árbol genealógico.

"Pues si ustedes, aun siendo malos, saben dar cosas buenas a sus hijos, ¡cuánto más su Padre que está en el cielo dará cosas buenas a los que le pidan!" (Mat. 7:11). Si nosotros, que por comparación somos malos padres, tenemos prioridades sobre lo que creemos mejor para nuestros hijos, ¿nos sorprendería pensar que Dios también? Nuestro Dios es un Dios de prioridades. ¿Tendrá Él también una lista A y B?

No me sorprendería que tuviera una lista para cada uno de nosotros, que fuera de alfa a omega. Después de todo, "Cuán grande es tu bondad, que atesoras para los que te temen, y que a la vista de la gente derramas sobre los que en ti se refugian" (Sal. 31:19). Las Escrituras están repletas de deseos bondadosos de Dios para nosotros, pero Él también sabe claramente qué deseos conceder no solo en cada creyente, sino también en cada generación.

¿Qué tienen que ver las prioridades con los milagros y nuestra segunda declaración de fe? A veces, casi todo. Dios puede hacer lo que dice que puede hacer. Y, sí, yo creo de todo corazón que Él está dispuesto a hacer milagros espectaculares en nuestra generación a medida que crece nuestra fe. Yo le he pedido a Dios, y sin duda alguna seguiré haciéndolo, que haga milagros a favor de mis seres queridos y de aquellos a quienes sirvo. Al mismo tiempo también creo que el mayor milagro es que el Padre reciba gloria por medio de criaturas mortales. Si Dios puede ser glorificado por medio del milagro que he pedido, entonces ¡aleluya! Si no logro mi milagro, pero Dios obtiene mayor gloria, entonces decido creer que ya recibí un mayor milagro con mayores beneficios eternos. Sin duda alguna y a fin de cuentas, cuanto más glorificado sea Dios, más bendecidos seremos nosotros. Este concepto es lo que en nuestro capítulo anterior llamé "el mayor sí".

No te desalientes ni creas que ya estás viendo la escritura en la pared: "También puedo aceptar entonces que Dios será más glorificado si no obtengo el milagro que tan desesperadamente quiero o creo que necesito". ¡Mira las Escrituras! Con mucha frecuencia, Dios fue glorificado por medio de milagros que también supusieron bendiciones temporales. Jesús le dijo a Marta, que estaba llorando la muerte de su hermano: "¿No te dije que si crees verás la gloria de Dios?" (Juan 11:40). Y reveló aquella gloria resucitando a su hermano de entre los muertos. No des por hecho que sabes cuál es la forma en que Dios será más glorificado. Pide el milagro y deja luego que nuestro Dios, que es soberano, sabio y planea las cosas a largo plazo, pondere la gloria y decida si está en juego un milagro mayor.

Hace poco tuve la oportunidad de ministrar con mi amiga Jennifer Rothschild en la organización Enfoque a la Familia. Yo estaba sentada en primera fila, luchando por no llorar, maravillándome del milagro que Dios ha hecho en su vida. La verdad es que ella y sus padres pidieron a Dios un milagro diferente. Le pidieron que le sanara la ceguera que comenzó a atacarla cuando estaba en la primaria. Dios no lo hizo. En su lugar realizó un milagro más grande. Jennifer es una hermosa cantante y compositora con mucho talento. Y por si no fuera poco, también habla como los ángeles. Es la personificación de la gracia y la belleza. Se podría decir que lo tiene todo... menos la vista física. Acuérdate de lo que te digo, Dios usará con poder a Jennifer Rothschild en nuestra generación. También escribe y da estudios bíblicos por medio de videos. Dios realmente está siendo glorificado en la vida de Jennifer. Y a pesar de eso, ella no se anda con tapujos. Le gustaría mucho poder ver. Las complicaciones derivadas de su ceguera son interminables, ya que está criando a dos hijos a quienes no puede ver físicamente. Pero en la eternidad tendremos muchas oportunidades de preguntarle a Jennifer si habría cambiado su ceguera por una vida de mediocridad y mayor independencia de Dios. Creo que su respuesta sería no. Ella cooperó con Dios y obtuvo el sí más grande.

En el capítulo 5 te dije que no tengo problemas para creer que Dios, en su soberanía, podría darle más prioridad a milagros y señales en algunas generaciones y eras que en otras. Me gustaría explicarte lo que yo creo que quizá sea su prioridad en nuestra generación y en las existentes en el lapso temporal entre el establecimiento de la iglesia neotestamentaria y el final de los tiempos. No quiero ser dogmática en este punto; te doy algo para pensar y conversar cuando estés comiendo con tu familia.

En la última cena, Cristo introdujo un término con implicaciones revolucionarias. Al levantar la copa, dijo: "Esta copa es el nuevo pacto en mi sangre, que es derramada por ustedes" (Luc. 22:20). Los libros 2 Corintios y Hebreos, del Nuevo Testamento, exponen y explican este nuevo pacto y lo comparan con el antiguo. Ten en cuenta varios contrastes fundamentales:

- El antiguo pacto era "de la letra", la letra de la ley. El nuevo pacto es "del Espíritu" (2 Cor. 3).
- La letra del antiguo pacto fue escrita en "tablas de piedra". La letra del nuevo pacto está escrita en las "tablas de los corazones humanos" (2 Cor. 3). Hebreos 10:16 dice: "Este es el pacto que haré con ellos después de aquel tiempo —dice el Señor—: Pondré mis leyes en su corazón, y las escribiré en su mente".

Tú y yo estamos bajo el nuevo pacto. Si de verdad comprendiéramos la plenitud de lo que esto implica, exclamaríamos "¡Gloria!" Y realmente esa sería la palabra clave. Vemos la vida de personajes bíblicos como Moisés, y deseamos experimentar tales manifestaciones y revelaciones de la presencia divina, pero 2 Corintios 3:9–10 dice: "Si es glorioso el ministerio que trae condenación, ¡cuánto más glorioso será el ministerio que trae la justicia! En efecto, lo que fue glorioso ya no lo es, si se le compara con esta excelsa gloria". Ya ves, si comprendiéramos de verdad el significado, no solo gritaríamos "¡Gloria!", sino "¡Excelsa gloria!"

Para nuestros objetivos, quiero centrarme en una diferencia fundamental entre los pactos y lo que 2 Corintios 3 llama el "ministerio" de dichos pactos. El ministerio del antiguo pacto era en muchos sentidos, principalmente de naturaleza externa con repercusiones internas secundarias. La ley fue escrita en tablas de piedra externas y visibles. Dios manifestó su gloria de muchas formas físicas y visibles como por ejemplo el maná, la columna de nube durante el día, y de fuego durante la noche. Quienes eligieron ser cambiados internamente por lo que vieron y sintieron, ten por seguro que lo fueron.

Ofreciendo un contraste significativo, el nuevo pacto pasó a ser primordialmente una obra interna con maravillosas manifestaciones externas. Era y es el ministerio del Espíritu a los corazones y las mentes humanas. El ministerio del nuevo pacto es el ministerio del Espíritu Santo no solo alrededor de, sobre y con los creyentes, sino también dentro de ellos. Jesús les habló del Espíritu Santo a sus discípulos al afirmar: "vive con ustedes y estará en ustedes" (Juan 14:17). Me gustaría que reflexionaras sobre la profunda diferencia que existe entre las palabras "con" y "en". Esa diferencia convirtió a un montón de miedosos torpes en los Evangelios en generadores de energía sin precedentes en el libro de Hechos y en adelante. La misma obra del Espíritu se aplica a nosotros en 2 Corintios 4:7. "Pero tenemos este tesoro en vasijas de barro para que se vea que tan sublime poder viene de Dios y no de nosotros". Como puedes ver, el nuevo pacto es primordialmente una obra interna con gloriosas manifestaciones externas.

Gracias a Dios, con frecuencia Él puede obrar milagros simultáneamente en nuestras circunstancias y en nuestro corazón.

¿Qué tiene que ver esto con las prioridades? Creo que las mayores prioridades de Dios en la era que va entre el establecimiento de la iglesia del Nuevo Testamento (o pacto) y los últimos días son internas. Una de las principales responsabilidades de la esposa de Cristo en esta era es "prepararse" para Jesucristo, su esposo (Apoc. 19:7). Cristo regresará a buscar una novia pura, una condición que necesita obras profundas e internas. Los ojos de Dios están fijos con intenciones eternas en el hombre interno. Por eso, a veces Dios prefiere obrar milagros en nuestros corazones y mentes en vez de en nuestras circunstancias.

Me encontraba explicándole este punto de vista a un amigo bastante entendido, que me respondió con una buena pregunta: "Pero, Beth, ¿no estás acaso afirmando lo que básicamente creen los cesacionistas?" Yo solo puedo responder por mí, pero por haber sido cesacionista durante tanto tiempo he visto una diferencia tremenda entre mi punto de vista antiguo y el nuevo. Antes a lo mejor tenía la esperanza de que se obrara un milagro, pero la verdad es que nunca creí que sucedería. Un milagro era como la última esperanza. Ahora en cambio, con bastante frecuencia un milagro puede ser mi primera esperanza, oración y anhelante expectativa, pero si Dios no obra dicho milagro doy por hecho que tiene otros planes internos. La diferencia es como la noche y el día. No podría contar las veces que he sido testigo de intervenciones milagrosas de Dios, así como de una gran sensación de paz y confianza cuando no hubo intervención milagrosa.

Gracias a Dios, con frecuencia Él puede obrar milagros simultáneamente en nuestras circunstancias y en nuestro corazón. Pero me atrevería a sugerir que desde su punto de vista eterno, la obra que Él desea realizar dentro de nosotros puede preceder a las que desea obrar en nuestro entorno. Efesios 3:20–21 expresa bellamente este concepto. Quienes conocemos estos pasajes bíblicos decimos con frecuencia que Dios hace "muchísimo más que todo lo que podamos imaginarnos o pedir", pero si le echas un vistazo al contexto te darás cuenta de dónde desea obrar Él con mayor frecuencia:

"Al que puede hacer muchísimo más que todo lo que podamos imaginarnos o pedir, por el poder que obra eficazmente en nosotros,

¡a él sea la gloria en la iglesia y en Cristo Jesús por todas las generaciones, por los siglos de los siglos! Amén".

"Por el poder que obra eficazmente" ¿Dónde? "En nosotros".

En muchos aspectos el nuevo pacto sobrepasa con mucho al antiguo, pero sería negligente de mi parte no mencionar un elemento que solemos considerar de forma negativa. La ignorancia raramente es una dicha, porque no conocer los hechos bíblicos no los vuelve nulos. Así que, corriendo el riesgo de desilusionarte… El sufrimiento desempeña un papel innegable en el Nuevo Testamento y bajo el nuevo pacto. Si tú eres como yo, muchos de los milagros que buscas se centran en evitar más dificultades, dolor o sufrimiento. Eso no tiene nada de malo. Contamos con maravillosos precedentes bíblicos a la hora de pedir repetidamente que nos sean quitados los aguijones antes de aceptarlos como la provisión de la soberanía de Dios para una obra mayor (2 Cor. 12:8–9). Sin embargo, entender el papel del sufrimiento nos ayuda a entender un poco más rápido por qué Dios es capaz de obrar milagros que puede decidir no llevar a cabo.

Prioridades.

Si hemos acertado en nuestro cálculo de la prioridad interna del nuevo pacto, podemos dar por hecho que nadie va a eludir el sufrimiento. Como tampoco los que no conocen a Cristo, añadiría yo. Por desgracia, ninguna persona de este sistema mundial actual elude el sufrimiento. Es una parte obligatoria de la existencia humana en un mundo caído. La diferencia para los creyentes es que nuestro sufrimiento nunca tiene por qué ser en vano. Pocas cosas tienen tanto potencial de ser usadas por Dios para ser excelentes obras internas con gloriosas ramificaciones externas.

En 2 Corintios, el mismo libro que habla tan claramente de nuestra posición bajo el nuevo pacto, Pablo explica: "Por tanto, no nos desanimamos. Al contrario, aunque por fuera nos vamos desgastando, por dentro nos vamos renovando día tras día. Pues los sufrimientos ligeros y efímeros que ahora padecemos producen una gloria eterna que vale muchísimo más que todo sufrimiento" (2 Cor. 4:16–17).

Prioridades.

Romanos 8:17 dice: "Y si somos hijos, somos herederos; herederos de Dios y coherederos con Cristo, pues si ahora sufrimos con él, también tendremos parte con él en su gloria". Por suerte, Pablo nos dice en el versículo siguiente que no cree que ningún sufrimiento presente se pueda comparar remotamente con la gloria que Dios revelará "en nosotros".

Prioridades.

Primera Pedro 1:7 habla de las pruebas: "El oro, aunque perecedero, se acrisola al fuego. Así también la fe de ustedes, que vale mucho más que el oro, al ser acrisolada por las pruebas demostrará que es digna de aprobación, gloria y honor cuando Jesucristo se revele".

Conocer la verdad sobre Dios, sobre su incesante capacidad de obrar milagros, . . . me libera para creer más en Él.

Prioridades.

La lista podría seguir y seguir. Las Escrituras del Nuevo Testamento presentan demasiadas evidencias como para que afirmemos que el sufrimiento nunca está dentro de los planes de nuestro Dios soberano, ya sea en su voluntad perfecta o en la permisiva. ¿Acaso las prioridades del nuevo pacto (las obras internas) y el papel del sufrimiento me desalientan para pedirle milagros a Dios y creer en ellos? ¡Para nada! Y te diré por qué. Conocer la verdad siempre nos libera (Juan 8:32). Conocer la verdad sobre Dios, sobre su incesante capacidad de obrar milagros, y la verdad sobre el papel innegable del sufrimiento bajo el nuevo pacto sencillamente me libera para creer más en Él. ¿Por qué? Porque estoy liberada de lo que me asusta a mí y a muchos de ustedes: dar el paso de creerle a Dios. Nos asusta casi hasta la muerte que Él no se manifieste por nosotros, nos dignifique con un sí, y demuestre su fidelidad. O que carezcamos de suficiente fe como para que Él nos bendiga con un milagro. Si estoy convencida de que Dios me ama de verdad y de que tiene ciertas prioridades para mí, entonces estoy "segura" y puedo caminar por fe. Estoy liberada para saber que mi Dios es enorme y capaz, y que si no me concede lo que le he pedido pero coopero, obtendré algo más grande. Voy a creer que Él hace todo lo que su Palabra dice que puede hacer, y si decide no hacerlo, no tengo que llegar a conclusiones como...

- No le gusto.
- No responde mis oraciones, en cambio las de otros sí.
- Apenas sabe que estoy vivo.

- No es capaz de hacerlo.
- Nunca está dispuesto a hacerlo.
- No tuve suficiente fe.
- Dudé por un instante.
- Tengo ese pecado en mi pasado.
- He fallado.
- He hecho el ridículo.

En vez de eso, yo sé que está en camino un sí más grande y cuento con un milagro mayor.

Amados amigos, con Dios no nos equivocamos. No nos equivocamos al creer que hace milagros. También creo que en el calendario del reino, se está acercando el tiempo en que los planes de Dios contemplarán mayores milagros, señales y maravillas cuando le abra la puerta a los últimos días. Tanto si tú y yo vemos o no esos días y esa cantidad de milagros, tenemos la libertad de creer que Dios es quien dice ser y que puede hacer lo que dice que puede hacer. No están en juego ni su dignidad ni la nuestra. Ni nosotros somos insignificantes ni Dios es incompetente. Con Dios estamos seguros y no nos equivocamos porque nosotros *somos* su prioridad.

Entretanto, si queremos estar llenos de fe y ser testigos de maravillas, debemos evitar caer en dos tentaciones: juzgar y discutir. Hagamos lo que hagamos, tenemos que evitar juzgar a alguien que tenga menos fe o fe más débil. Yo temo lo suficiente a Dios como para saber que probablemente seré probada en las mismísimas cosas que juzgo de otros (Rom. 2:1). En el pasado he sufrido exactamente esta clase de repercusión, y al no haber superado algunas de esas pruebas me ayuda a curarme del hábito.

Si queremos tener la bendición de Dios no debemos juzgar a los débiles en la fe. Por otra parte, tampoco debemos dejar que los de poca fe influyan negativamente en nosotros. Marcos 9 recoge un diálogo bastante interesante entre Cristo y sus discípulos, después de que varios de ellos fueran incapaces de echar un demonio que estaba atormentando a un muchacho. Recuerda que Jesús les había dado poder a sus discípulos para llevar a cabo este hecho concreto, pero en esa instancia fueron incapaces de hacerlo. Marcos 9:14 dice: "Cuando llegaron a donde estaban los otros discípulos, vieron que a su alrededor había mucha gente y que los maestros de la ley discutían con ellos". Jesús fue informado de la incapacidad de los discípulos, pero antes de recriminarlos por la falta de fe, les hizo una pregunta ciertamente crítica: "¿Qué están discutiendo con ellos [los maestros de la ley]?"

Estoy segura de que la discusión de los discípulos con los cultos y dignos maestros de la ley hizo disminuir su fe tan drásticamente que fueron incapaces de hacer una de las mismísimas cosas para las que les había sido otorgado poder. Si quieres estar lleno de fe ¡no discutas con legalistas! Ámalos. Sirve junto a ellos si esa es la voluntad de Dios. No los juzgues. Y ¡no discutas con ellos! La falta de fe es sumamente contagiosa. Las discusiones frívolas pueden diluir verdades espirituales y convertirlas en lógica humana. Con los milagros no hay nada lógico. Si debatimos temas de fe nos podemos ver agotados por ellos. No somos llamados a debatir la fe, sino a practicarla. A ser sustantivos que se convierten en verbos. En presente. En voz activa.

Sigue buscando. Sigue creyendo. Estoy convencida de que quienes oran con un corazón puro, llenos de fe, van a ser testigos de milagros. Más pequeños o más grandes, temporales o eternos, los milagros nunca van a dejar de existir.

"¿No te dije que si crees verás la gloria de Dios?" (Juan 11:40). Cuenta con ello en todo tiempo.

"¿Y quién soy yo para presentarme...?"

Éxodo 3:11

Capítulo 7

Creerle a Dios: Tú eres quien Dios dice que eres

Dios es quien dice ser.
Dios puede hacer lo que Él dice que puede hacer.

Yo oro pidiendo que estas dos declaraciones se arraiguen cada vez más profundamente en nuestra fe. Dios desea "la verdad en lo íntimo" (Sal. 51:6). Ojalá que su Palabra llegue a penetrar incluso nuestro subconsciente.

De las cinco declaraciones de nuestra promesa de fe, ninguna me resulta tan desafiante como la tercera:

Yo soy quien Dios dice que soy.

Esta verdad desentierra emociones en mí cada vez que la digo porque me hace recordar el viaje que he tenido que hacer para creerla. Más que cualquier otro desafío a la fe, creer que soy quien Dios dice que soy exige una decisión consciente de lo que Dios dice por encima de lo que yo siento. En líneas generales, mi profunda sensación de inseguridad y de incertidumbre se debe a una confusa mezcla de haberme sentido una víctima durante los primeros años de mi infancia y a una larga historia de derrotas. La verdad es que sería más acertado llamarlo *autotormento*. Supongo que es el residuo de una naturaleza que fue autodestructora. Sea lo que sea, es como agitar una bandera roja delante del enemigo: "¡Golpea aquí mismo! Este es mi punto débil. ¡Apunta aquí!"

Deseo ardientemente ser una mujer de fe. La verdad es que daría todo para ser una mujer a la que Dios pudiera describir por su fe, ya que esto es lo que más le agrada a Él (Heb. 11:6). Así que si estoy hablando en serio cuando digo que le creo a Dios, tengo que creerle a Dios en lo que dice de mí. Qué gran desafío. Digámoslo de esta forma: Yo no he sido exactamente un proyecto con bajos costos de mantenimiento. La verdad es que Dios tiene que ser omnipotente para haberme sacado de tantos problemas durante tanto tiempo, pero también fue omnipotente cuando me estaba tambaleando. El problema era yo, porque Dios sí que hizo su parte. Hoy, durante el almuerzo, les comenté muerta de risa a los miembros del personal que si me muriera de repente, un epitafio bastante apropiado para mí sería: "Dios se cansó". Yo necesito mucho esfuerzo de su parte. Esa es una de las razones por las que me quedo un poco traumada con la tercera declaración. Me siento tentada a reescribirla: "Lucho por ser quien Dios dice que soy". Pues no. Eso no es lo que dice la Palabra. Dice que ya soy quien Dios dice que soy. Y si tú has aceptado a Jesús como Salvador, también lo eres. En un momentito daremos un vistazo a lo que eso significa.

Me llama mucho la atención toda esa lista de personajes históricos que aparece en el pabellón de la fe de Hebreos 11. ¿Crees que a algunos de ellos les resultó difícil creer que eran quienes Dios dijo que eran? Yo no puedo responder por todos ellos, pero Moisés es revelador en extremo. Lo primero que le preguntó a Dios después de oír su voz en la zarza ardiente fue: "¿Y quién soy yo para presentarme ante el faraón y sacar de Egipto a los israelitas?" (Ex. 3:11). Más tarde, durante la misma conversación, Moisés se atrevió a responder al llamado diciendo: "SEÑOR, te ruego que envíes a alguna otra persona" (Ex. 4:13).

Moisés tenía sus propias razones para resistirse al llamado y a su nueva identidad como siervo de Dios, pero por lo menos, tenemos una cosa en común con él. Él también había pecado enormemente en su pasado, pero me pregunto cómo sería en el caso de Josué. Las Escrituras lo presentan como un guerrero poderoso y un verdadero adorador que pasaba tiempo en la presencia de Dios. No leemos nada de que fallara en algo. En un primer momento podríamos dar por hecho que tenía confianza en sí mismo, y que estaba dispuesto a todo, pero inmediatamente después del mandato oficial de Dios para su vida, el primer capítulo de Josué podría dar a entender lo contrario. Las repeticiones en la Biblia dicen mucho, y en unos cuantos cortos versículos, Dios le dijo a Josué nada menos que tres veces que fuera "fuerte y valiente". La segunda vez le antepuso un descriptivo "muy" a la palabra "valiente". Entonces, ¿por qué razón le repitió Dios su llamado al valor a un oyente incondicional, confiado e intrépido? Yo me atrevería a sugerir que el hombre de Dios de ese momento estaba muerto de miedo.

El capítulo 13 de Números relata un hecho sobre Josué que se suele pasar por alto, y que a mí me parece bien convincente. Durante la primera exploración de Canaán, él aparece en la lista de líderes como "Oseas hijo de Nun" (v. 8). Una porción aclaratoria del versículo 16 nos informa que en algún momento que no se especifica, "A Oseas hijo de Nun, Moisés le cambió el nombre y le puso Josué". Las Escrituras muestran claramente que Moisés sabía que Josué lideraría la conquista, porque Dios le mandó imponerle las manos y comisionarlo (Núm. 27:18–20). Quizá no sepamos cuándo cambió de nombre Josué, pero no hace falta que seamos eruditos bíblicos para darnos cuenta de por qué necesitaba un cambio de nombre. En esencia, Oseas significa "libertador", mientras que Josué (Jesúa) significa "*Jehová* libera". Si yo fuera carne y sangre elegida por Dios para llevar a un pueblo de saltamontes hasta una tierra de gigantesca oposición, necesitaría saber que Él era el verdadero Libertador, y no yo. Me atrevo a afirmar que Josué no solo necesitaba saber quién era, también necesitaba saber quién no era. Él no era Dios. Una buena lección para todos nosotros.

En amor soy bendecido, elegido, adoptado, favorecido, redimido y perdonado.

¿Y qué pasa con nosotros? ¿Quién dice Dios que somos nosotros? Si hemos aceptado a Jesús como Salvador, la suma de nuestra identidad la encontramos en 1 Juan 3:1.

"¡Fíjense qué gran amor nos ha dado el Padre, que se nos llame hijos de Dios! ¡Y lo somos!" Dios no se ahorró tinta inspirada para expresar las diversas facetas de nuestra cualidad de hijos (e hijas). Puede que la evaluación resumida en las Escrituras del Nuevo Testamento acerca de quiénes somos se halle en Efesios 1:3–8:

> Alabado sea Dios, Padre de nuestro Señor Jesucristo, que nos ha bendecido en las regiones celestiales con toda bendición espiritual en Cristo. Dios nos escogió en él antes de la creación del mundo, para que seamos santos y sin mancha delante de él. En amor nos predestinó para ser adoptados como hijos suyos por medio de Jesucristo, según el buen propósito de su voluntad, para alabanza de su gloriosa gracia, que nos concedió en su Amado. En él tenemos la redención mediante su sangre, el perdón de nuestros pecados, conforme a las riquezas de la gracia que Dios nos dio en abundancia con toda sabiduría y entendimiento.

Si no conociéramos ningún otro pasaje del Nuevo Testamento sobre nuestra identidad, pero aceptáramos estas pocas verdades, nuestras vidas cambiarían por completo. Piensa en la posibilidad de memorizar estas seis descripciones para que cuando digas la tercera declaración de nuestra promesa de fe, tengas al menos una ligera idea de tu valor como persona. Como yo aprendo visualmente, dibujos o diagramas me suelen ayudar a agrupar un concepto multifacético como un todo. Mira el diagrama que aparece más abajo. (He decidido representar a los creyentes con una estrella porque Filipenses 2:15 dice que nosotros brillamos "como

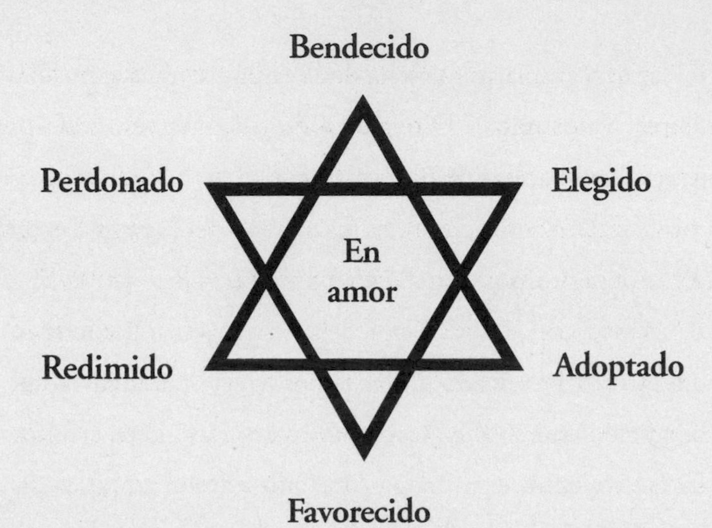

estrellas en el firmamento" al mantener "en alto la palabra de vida").

Hay veces que el salmista habla con su propia alma, como tratando de convencer a su testaruda voluntad (Sal. 42:5). ¡Cuántas veces tú y yo podríamos exclamar las mismas palabras! Habla en voz alta con tu alma tantas veces como sea necesario para comenzar a creerlas: En amor soy bendecido, elegido, adoptado, favorecido, redimido y perdonado. Y nuestra alma no es la única que necesita oírlas. Ten esas verdades en la punta de la lengua para que puedas soltárselas al acusador la próxima vez que te parezca que te está acusando (Apoc. 12:10–11). El enemigo sabe que tú y yo no vamos a poder vivir con una victoria constante si no creemos activamente que somos quienes Dios dice que somos.

Creer que somos quienes Dios dice que somos, nos reporta enormes beneficios. Fíjate en unos cuantos:

Una sensación de seguridad enormemente fortalecida. Elegidos, adoptados, favorecidos. ¿Qué más nos hace falta para sentirnos seguros? Somos "aceptos en el Amado". Si nuestras testaduras mentes absorbieran de una vez que somos aceptados por Dios por causa de Jesucristo, nuestras decisiones y nuestro comportamiento consecuente se verían afectados profundamente. Piensa un momento en el impacto. ¿Qué mayor contribución a la derrota continua que la inseguridad? ¿Cuántas decisiones absurdas motiva eso? Si tú eres como yo, entonces la inseguridad te trae como consecuencia malas decisiones que ni siquiera querías tomar. Yo tomé mis peores decisiones en un intento de ser aceptada. Era demasiado insegura como para ir contra la corriente. No puedo ni contar las malas decisiones y los líos que he provocado por esa razón. En nuestra búsqueda de las raíces de nuestras tendencias autodestructivas, en la mayoría de los casos lo único que tenemos que hacer es seguir el rastro de nuestras inseguridades. Independientemente del tiempo que hayamos estado esclavizados por ellas, no tenemos por qué permanecer en esa situación. Cuando estamos dispuestos a creer que somos quienes Dios dice que somos, empiezan a romperse las cadenas.

Entre otras muchas víctimas, nuestro llamamiento podría verse en peligro si no permitimos que Dios trate con nuestras inseguridades crónicas. Cuando era niña, me escondía constantemente detrás de la falda de mi madre. Empecé a ser víctima de la situación a una muy corta edad. Aunque también era amada y me cuidaban, cualquier tipo de trato injusto socava la seguridad. Y si el autor es alguien cercano a nosotros, alguien que debería haber sido digno de confianza y protector, entonces la seguridad prácticamente se desintegra. Para empeorar las cosas, cuando tenía seis años, me caí de bruces contra una mesa, y el resultado fue un severo caso de maxilar superior saliente, pues me di con los dientes en la mesa. Durante varios años, antes de lo que me pareció ser toda una vida llevando aparatos de ortodoncia, cuando estaba en público me tapaba la boca con la mano derecha. A veces, por la noche me latía el hombro. Una inseguridad le daba paso a otra, hasta que me obsesioné con sentirme aceptada. Durante mi adolescencia, yo era un caos bien vestido, popular y con bastante aplomo. Y no sabes cuánto más caótica me volví.

Dios es grandioso en cuanto a multitareas. Según Romanos 8:30, todos los que somos creyentes en Cristo tenemos un llamamiento. Estoy convencida de que Dios asigna nuestros llamamientos por un montón de razones, muchas de las cuales tienen un propósito en nosotros y no solo en aquellos a quienes vamos a servir. Por ejemplo, Dios sabía que lo que Él me llamó a hacer me obligaría a enfrentar las espinas tan arraigadas de mi pasado. No creo que Dios se sienta ofendido si yo dijera que a propósito elige algo hasta poder sacarlo a la superficie. Obviamente, su motivación para hacer que afloren todas las cosas destructivas de nosotros es que las encaremos y cooperemos con Él cuando las arranca y sana nuestras heridas. Si Dios quería forzarme a confrontar mis inseguridades, la verdad es que eligió para mí un llamamiento altamente eficaz. Créeme: si eres inseguro no vas a querer pararte delante del público y dar una conferencia. Ni vas a llevar un manuscrito a una editorial. Mi llamado me expone a críticas constantes, constructivas y de las otras. Yo soy bastante consciente de mis debilidades, mis defectos y mis hábitos molestos. ¡Me molestan a mí! He dicho muchas veces que Dios o bien tiene muchísima gracia, o la verdad es que tiene bastante mal gusto.

Dios me colocó en una posición donde tengo que luchar contra mi identidad, tan fuertemente minusválida, y elegir a quién voy a creerle: a Él o a mí. Quizá a muchos de ustedes les pase como a mí, que casi todos los días vuelvo a tomar la decisión de creer que soy quien Dios dice que soy. El hecho de no haber rechazado esa vocación pública ni haber tirado la toalla cuando las cosas se pusieron difíciles, es testimonio de la tenacidad de Dios de exigir que crea en Él. Cuento esto porque algunos de ustedes pueden identificarse. ¿Te ha puesto Dios en una posición que parece traer a la superficie todas tus inseguridades? Tómalo como algo personal. Las está llevando a la superficie para arrancarlas... con frecuencia, de una en una.

Quien dé por hecho que los líderes del cuerpo de Cristo siempre tienen confianza en sí mismos y se sienten seguros, se equivoca de lado a lado. Que sean dignos o no de cierto respeto radica en su disposición a obedecer el llamamiento de Dios por encima de todos sus propios miedos e inseguridades. Tú también tienes que hacerlo si quieres cumplir el destino que ha ordenado Dios.

Se nos toma en cuenta como justicia. Romanos 4 enmarca una de mis revelaciones favoritas en las Escrituras. Dios sabía que las personas como yo necesitaríamos terriblemente la actualización del Nuevo Testamento: Abraham le creyó a Dios, "y le fue contado por justicia" (v. 3 RV 1960). Obviamente, Dios pensó que el concepto de fe contada como justicia era también bastante importante, ya que Él lo inspiró muchas veces en las páginas de las Sagradas Escrituras. Échale un vistazo a Romanos 4:1–5 y analiza esta declaración en su contexto:

> Entonces, ¿qué diremos en el caso de nuestro antepasado Abraham? En realidad, si Abraham hubiera sido justificado por las obras, habría tenido de qué jactarse, pero no delante de Dios. Pues ¿qué dice la Escritura? "Le creyó Abraham a Dios, y esto se le tomó en cuenta como justicia".
>
> Ahora bien, cuando alguien trabaja, no se le toma en cuenta el salario como un favor sino como una deuda. Sin embargo, al que no trabaja, sino que cree en el que justifica al malvado, se le toma en cuenta la fe como justicia.

Amados, asimilen este principio: cada vez que le creemos a Dios, nos lo cuenta como justicia. La suposición más obvia sería que Dios cuenta los actos justos como justicia, pero el profeta Isaías lo rectificó por escrito: "Todos nuestros actos de justicia son como trapos de inmundicia" (Isa. 64:6). En las Escrituras Dios insiste en que creerle es lo que se nos cuenta como justicia, y Él es quien pone las reglas. Y como respondiendo a los escépticos que tratarían de negar la aplicación de este principio a creyentes de todos los siglos, Dios eliminó toda duda en Romanos 4:23,24. "[Las palabras] 'se le tomó en cuenta' no se escribieron solo para Abraham, sino también para nosotros. Dios tomará en cuenta nuestra fe como justicia, pues creemos en aquel que levantó de entre los muertos a Jesús nuestro Señor".

A algunos de ustedes, quienes tengan una buena trayectoria, este concepto les puede resultar un poco difícil de tragar. Conozco esa sensación. Escribí parte de este libro mientras estaba en África. Después de participar durante una semana en una conferencia sobre misiones, Keith y yo nos fuimos de safari: él cazaba y yo escribía. (A propósito, de sus cinco trofeos, cuatro de ellos batieron records. El antílope fue impresionante.) Teníamos un chef africano maravilloso, que nos preparaba costillas de jabalí, asado de ñu, y toda clase de otras exquisiteces del lugar. Probé todos los platos hasta la mañana que nos pusieron huevos fritos e hipopótamo. Mis hijas me preguntaron cómo sabía el hipopótamo, y les dije que se imaginaran un hipopótamo, y después imaginaran probar un trocito. Ese es exactamente el sabor que tenía. Por raro que parezca, cuanto más masticábamos más gordo se ponía. Lo que hice al final fue escupir en una servilleta lo que seguro era un hipopótamo entero. Doña Buenos Modales habría estado orgullosa de mí por no haber tenido arcadas durante la comida.

Para muchos, tomar Romanos 4:23,24 exactamente por lo que parece decir es tragar demasiado. Hay gente que teme que eso podría darle luz verde al pecado, pero nos equivocaríamos gravemente si racionalizamos la gracia y el perdón de Dios y las convertimos en permiso para comportarnos como paganos. A lo largo de este libro, espero demostrarte bíblicamente que quienes le creen a Dios de forma presente y activa se sienten motivados a tomar decisiones buenas y sabias. La verdadera fe no puede evitar actuar. Si de verdad creemos que Dios es quien dice ser, que puede hacer lo que dice que puede hacer, y que nosotros somos quienes Dios dice que somos, entonces nuestras decisiones y comportamiento correspondiente lo reflejarán. Nuestra forma de comportarnos fluye poderosamente de lo que creemos. Incluiremos más ejemplos de este principio en el punto cuatro.

Liberación de la carga de nuestros propios pecados. Vuelve a leer Romanos 4:6–8:

David dice lo mismo cuando habla de la dicha de aquel a quien Dios le atribuye justicia sin la mediación de las obras:

"¡Dichosos aquellos
a quienes se les perdonan las transgresiones,
y se les cubren los pecados!
¡Dichoso aquel
cuyo pecado el Señor no tomará en cuenta!".

Estos versículos seguramente significaron tanto para Pablo con su pecaminoso pasado como para mí. Me imagino que todos nosotros tenemos historias de horribles pecados que se pegan a toda afirmación de que Dios nos puede perdonar de verdad y puede usar a quienes tienen pasados terribles. En Romanos 4:8 Dios usa una negación poderosa para extender nuestra afirmación. En griego, la palabra "nunca" es una negativa doble. Dicho con otras palabras, podríamos expresar el pasaje en los términos siguientes: Dichoso aquel cuyo pecado el Señor "no, nunca" tendrá en cuenta.

Disfruta las implicaciones de la decisión de Dios de inspirar el mismo original griego para la palabra "contó" de Romanos 4:3 (se le contó como justicia) y las palabras "tomar en cuenta" de Romanos 4:8 ("cuyo pecado el Señor no tomará en cuenta"). No es de sorprender que se trate de un término de contabilidad. Compara las dos frases, y verás algo maravilloso en el contraste. Todas esas veces que yo creía que Dios estaba contando mis pecados, en vez de eso Él estaba contando mi fe como justicia.

Romanos 1:17 dice: "De hecho, en el evangelio se revela la justicia que proviene de Dios, la cual es por fe de principio a fin, tal como está escrito: 'El justo vivirá por la fe'". Desde el principio hasta el final la fe es el corazón de la justicia. El año pasado mi hija mayor, Amanda, me llamó por su celular simplemente para decirme que había pasado junto a un automóvil que tenía el siguiente adhesivo en el paragolpes "¿Qué pasa si lo único que cuenta son canciones con gestos?" En esa época yo estaba preparando esta lección. Después de reírme un buen rato, me vino la idea de que en el tema bíblico de la justicia, la fe es lo único que cuenta. Mételo en tu canción, y baila al compás.

No llegues a la errónea conclusión: ya que Dios cubre nuestros pecados y no los cuenta contra nosotros, significa que nos consiente todo. Dios es Santo y no va a ser burlado. Más aún, aprenderíamos muy poco sin disciplina y sin las consecuencias del pecado. La idea clave basada en el contexto de Romanos es poner nuestra fe en un Dios de gracia, que perdona a quien se arrepiente de verdad y que por tanto "no, nunca" cuenta sus pecados contra ellos. Si estas verdades hacen que suba el mercurio del termómetro de nuestro fariseísmo, puede que todavía estemos tratando de atribuirnos parte del crédito de nuestra aceptación ante Dios por medio de Cristo. La gracia nos da una lección de humildad, ¿verdad?

¡Obediencia! Algunos nos podemos relajar ahora. Espero que este punto equilibre más los conceptos de fe y de justicia. Hay una clave fundamental que cuelga de la cadena de Romanos 1:5. "Por medio de él, y en honor a su nombre, recibimos el don apostólico para persuadir a todas las naciones que obedezcan a la fe". Aquí va de nuevo: la obediencia viene de la fe.

Comenzar a creer que yo era quien Dios dijo que yo era influyó poderosamente en la vida cristiana que estaba llevando. Durante muchos años viví en un círculo vicioso de una autoestima por los suelos, que traía como consecuencia malas decisiones que le daban paso a una autoestima aún más baja y a decisiones todavía peores. Me hice cristiana cuando era niña, así que no te molestes en tratar de explicarme que mi baja autoestima se debía a mi estado ignorante o sin redención. Falso. Mi continua baja autoestima se debía directamente a creer que mis sentimientos y mi pasado predecían mi futuro, en vez de hacerlo la Palabra de Dios. Cuando tenía casi 30 años, comencé a estudiar en profundidad la Palabra de Dios. En ese entonces no tenía ni idea de que el primer propósito de Dios al provocar un insaciable apetito por su Palabra era realizar una operación quirúrgica intensa y a largo plazo en mi corazón quebrantado y en mi mente distorsionada.

Por medio del estudio de su Palabra me topé con pasajes y más pasajes que describían a los hijos de Dios. Pronto comencé a creer que eran verdad para otras personas. Muchos de ustedes, que son maestros u oradores cristianos, probablemente podrán identificarse con mi indudable disposición a aplicar esos pasajes bíblicos a cualquiera menos a mí. Seguro que algún otro aparte de mí le ha asegurado con confianza a alguna persona herida o con preguntas en cuanto a una verdad bíblica que se aplica a su vida por ser hijo de Dios, y que tú mismo no aceptaste para ti. Quizá también te hayas dado cuenta de que Dios no aguanta eso mucho tiempo. Siente una extraña debilidad por la constancia. Dios es inflexible en cuanto a que le permitamos enseñarnos *a* nosotros lo que quiere enseñar por medio de nosotros.

Una de las formas que usó Dios para inculcar una identidad bíblica dentro de mi sistema de fe fue bastantes conversaciones *esto y aquello*. A ver si consigo explicarlo. Cuando veía textos que describían a los hijos de Dios, constantemente sentía que Él le decía a mi corazón: "Beth, tú eres *esto*". Durante mucho tiempo yo seguí respondiendo: "No, Señor, yo soy *aquello*". Tanto Él como yo sabíamos a qué me refería yo. Parte de mi *aquello* deriva sus nombres de las cosas dolorosas que otros dijeron a mis espaldas en otras ocasiones. Y tu *aquello* puede representar algo diferente, por ejemplo apelativos que te has dado a ti mismo. Considera que *aquello* es todo lo que sea distinto al *esto* de Efesios 1. Por supuesto, Dios tenía razón. Yo era *esto,* pero como creía que era *aquello,* seguía con una tendencia a pensar y/o actuar como *aquello*. Pasaron meses y años, y la voz de Dios crecía insistentemente en mi corazón. "Beth, ¿cuándo vas a creer de una vez que eres *esto*?" Como dice mi esposo, soy una mujer muy cabeza dura, pero por fin comencé a responder: "Muy bien, Dios, puede que sea *esto,* pero mi problema es que me sigo sintiendo como *aquello*".

Con una fe como un grano de mostaza para creer por lo menos que yo era *esto* aun cuando me sintiera como *aquello,* Dios me permitió dar un paso adelante. Por medio de dosis constantes de su Palabra y de cooperar cada vez más en mi corazón, me enseñó a creer en Él lo suficiente como para por lo menos comenzar a tomar decisiones como un *esto*. Yo llegaba literalmente a la encrucijada de una decisión y pensaba "Me sigo sintiendo como *aquello,* pero Dios dice que soy *esto*. ¿Qué haría un *esto* en esta situación?" Llegué a imaginarme a alguien que yo sabía era un *esto,* y a tratar de imaginarme qué haría. Una y otra vez me entrené para tomar decisiones basadas en mi mentalidad de *esto*. No en mi viejo *aquello*. Con el tiempo mis hábitos comenzaron a cambiar, y comencé a comportarme como un *esto.* Al fin y al cabo, *esto* es lo que soy.

Todo el tiempo que estuve preocupada con *esto* y *aquello,* Romanos 1:5 obraba fuertemente en mí. Ya ves que mi obediencia fluía directamente de mi fe al creer que yo era quien Dios decía que era, incluso si no lo sentía. No es de extrañar que cuanto más me comportaba como *esto* en vez de *aquello,* me sentía más bendecida, elegida, adoptada, favorecida, redimida y perdonada. Me imagino que por eso soy como un perro que roe un hueso en mi incesante insistencia de que todo el mundo puede vivir victoriosamente. Todos podemos conocer el gozo y el fruto de la obediencia. Querido amigo (¿también eres cabeza dura?), si yo puedo vivir victoriosamente por el poder del Espíritu Santo, entonces todo el mundo puede.

Podríamos poner muchos más ejemplos de la obediencia que procede de la fe. Por ejemplo, a veces tenemos que ejercitar la fe para creer que obedecer a Dios en una situación difícil producirá fruto al fin y al cabo, aun cuando parezca que en primera instancia podría ocasionar dificultades. También necesitamos fe para creer que Dios puede manejar las consecuencias de nuestra obediencia si alguien que es importante para nosotros no aprueba nuestra actuación al principio. Para muchos el paso de fe comienza mucho antes: tenemos que ejercitar la fe para creer que somos capaces incluso de una obediencia a largo plazo. Y lo somos.

Como ves, Dios puede contar nuestra fe como justicia sin preocuparse de que nos aprovechemos de esa libertad. Él sabe que la fe que no lleva a la obediencia no es más que palabras vacías.

Me gustaría añadir una última idea en el contexto de Romanos 4 sobre creer que somos quienes Dios dice que somos. No es casualidad que este capítulo de las Escrituras, marco del concepto de fe contada como justicia, ponga como ejemplo dos personajes del Antiguo Testamento: Abraham y David. Ambos vivieron en dos épocas muy diferentes y tenían distintas posiciones, pero los dos tenían una cosa en común que se relacionaba directamente con la idea de la fe contada como justicia. Ambos habían pecado tan gravemente que necesitaban fe para creer que seguían siendo quienes Dios decía que eran: un padre de multitudes y un rey cuyo reino no tendría fin. La verdadera restauración exige fe.

Seguro que Pedro se identificaba con eso.

"Simón, Simón, mira que Satanás ha pedido zarandearlos a ustedes como si fueran trigo. Pero yo he orado por ti, para que no falle tu fe. Y tú, cuando te hayas vuelto a mí, fortalece a tus hermanos" (Lucas 22:31–32).

¿Por qué oró Cristo específicamente por Simón Pedro para que no fallara su fe? El futuro de Pedro no dependía de un pasado impecable, sino de su fe. Pedro iba a necesitar desesperadamente valentía para creer que seguía siendo quien Cristo decía que era, incluso después de un fracaso semejante. ¿El resultado? El viejo pescador de hombres volvió y fortaleció a sus hermanos.

Pedro le creyó a Dios, y le fue contado como justicia.

Hay veces que las verdades bíblicas más difíciles de aceptar tienen que ver con nosotros. Cree que eres quien Dios dice que eres y comprende la doble bendición de Dios que te lo cuenta como justicia.

"Ya te lo he ordenado: ¡Sé fuerte y valiente! ¡No tengas miedo ni te desanimes! Porque el Señor tu Dios te acompañará dondequiera que vayas."

Josué 1:9

Capítulo 8

Creerle a Dios: Todo lo puedes en Cristo

La verdad es que puedes hacerlo. Por muy pavoroso que sea el sendero que tengas ante ti, la verdad es que puedes caminar por él victoriosamente. Si se lo permites, Dios te dará todo lugar en que se pose tu pie para la gloria de su nombre. ¿Que cómo lo sé? Para empezar, Filipenses 4:13 afirma que los siervos de Dios pueden hacerlo todo –t-o-d-o– en Cristo, que los fortalece. Eso incluye cosas que de otro modo serían imposibles. Nuestra cuarta declaración de fe no es ninguna broma. Tampoco es un versículo que uno memoriza para sentirse bien. Es sana teología que clama por convertirse en nuestra realidad.

Todo lo puedo en Cristo.

Si se lo permites, Dios te dará todo lugar en que se pose tu pie para la glòria de su nombre.

Me encantó ensanchar nuestro panorama en nuestro estudio sobre la fe al incluir en el capítulo anterior a Moisés, Abraham y David. Cada uno de esos nombres formaba la plantilla inicial del pabellón de la fe de Hebreos 11. Me sentí sorprendida y de alguna forma renovada al pensar que una parte de su desafío a caminar por fe se fundaba probablemente en seguir creyendo que eran quienes Dios decía que eran. Me gustaría que nos volviéramos a fijar en Josué, nuestro protagonista principal, porque se especializa en llevar a los hijos de Dios a sus Tierras Prometidas de fe y fertilidad. Era un hombre con fama de creerle a Dios contra viento y marea. Aunque vivió varios siglos antes que Jesús, su ejemplo ofrece muchas aplicaciones a los creyentes del Nuevo Testamento. Su ejemplo nos va a ayudar a entender y aceptar nuestra cuarta declaración de fe. Por el poder del Dios viviente, Josué hizo lo que sabía que no podía hacer. Al igual que a nosotros, le fue dicho de antemano que podría hacerlo. En vez de palabras tranquilizadoras, quizá podríamos llamarlas palabras de garantía previa. Volvamos a leer esa garantía previa en Josué 1:1–9.

> Después de la muerte de Moisés siervo del SEÑOR, Dios le dijo a Josué hijo de Nun, ayudante de Moisés: "Mi siervo Moisés ha muerto. Por eso tú y todo este pueblo deberán prepararse para cruzar el río Jordán y entrar a la tierra que

> les daré a ustedes los israelitas. Tal como le prometí a Moisés, yo les entregaré a ustedes todo lugar que toquen sus pies. Su territorio se extenderá desde el desierto hasta el Líbano, y desde el gran río Éufrates, territorio de los hititas, hasta el mar Mediterráneo, que se encuentra al oeste. Durante todos los días de tu vida, nadie será capaz de enfrentarse a ti. Así como estuve con Moisés, también estaré contigo; no te dejaré ni te abandonaré.
>
> "Sé fuerte y valiente, porque tú harás que este pueblo herede la tierra que les prometí a sus antepasados. Sólo te pido que tengas mucho valor y firmeza para obedecer toda la ley que mi siervo Moisés te mandó. No te apartes de ella para nada; solo así tendrás éxito dondequiera que vayas. Recita siempre el libro de la ley y medita en él de día y de noche; cumple con cuidado todo lo que en él está escrito. Así prosperarás y tendrás éxito. Ya te lo he ordenado: ¡Sé fuerte y valiente! ¡No tengas miedo ni te desanimes! Porque el SEÑOR tu Dios te acompañará dondequiera que vayas".

En los capítulos anteriores hemos mencionado algunas de las diferencias entre el antiguo pacto y el nuevo. También celebramos las noticias de 2 Corintios 3:10 de que el nuestro es mucho más glorioso. Me gustaría señalar otra forma maravillosa en que el nuevo pacto supera al antiguo. Quizá por muchas razones, parece que Dios habló y logró gran parte de su obra por medio de un individuo principal (o unos cuantos como mucho) a lo largo del Antiguo Testamento. Abraham, Isaac, Jacob, José,

Moisés, Josué, David y una larga lista de profetas, por poner algunos ejemplos. Está claro que Dios nombró a doce jefes de las tribus de Israel, pero las Escrituras no dan a entender que fueran sus portavoces o siervos especializados. Hubo también varios profetas que eran contemporáneos unos de otros, pero cada uno sirvió en la esfera que le fue asignada, separado de los otros. En general, parece que la mayoría de las veces Dios logró sus planes con una sencilla regla de aritmética: Uno más uno. Me atrevería a sugerir que Juan el Bautista fue el último profeta de la ecuación uno más uno. Tal y como gritó una "voz... en el desierto" "preparen el camino para el Señor" (Mat. 3:3), la plenitud de la Deidad bajó del cielo para cumplir para siempre el llamado de un hombre a toda la humanidad. Él es Jesús el "Hijo unigénito del Padre, lleno de gracia y de verdad" (Juan 1:14).

Por muy poderosos que fueran siervos como Moisés y Josué, cuando hay un único par de zapatos, estos tienden a agrandarse y a hacernos chancletear. Cuando Cristo vino a la tierra puso los pies en esos zapatos, y por primera vez en toda la historia, a alguien le quedaron perfectamente bien. Menea los pies descalzos, y celebra que Él los lleve puestos desde aquel entonces. No hace falta probárselos. Su plan divino no fue usar solo uno, sino muchos: un cuerpo unido de creyentes para cada generación, mientras cada uno contribuye a la mezcla con sus propios dones. Cristo rompió el molde desde el principio cuando con un propósito comisionó a doce apóstoles.

A diferencia de los jefes de las doce tribus de Israel, Cristo llamó a sus doce a que trabajaran con Él en su ingente obra. Los comisionó y les dio poderes sobrenaturales para realizar tareas divinas en su nombre. Y más aún, Lucas 10:1 nos dice que "después de esto, el Señor escogió a otros setenta y dos para enviarlos de dos en dos delante de él a todo pueblo y lugar adonde él pensaba ir". Ellos también fueron equipados y fortalecidos para hacer en su nombre lo que de otra forma no habrían podido hacer. Seguro que asustados, hicieron "todo en Cristo", que los fortalecía (Fil. 4:13).

La aritmética del Nuevo Testamento no terminó con los 12 más los 72. En el Evangelio de Juan, Cristo invitó abiertamente y ofreció los requerimientos básicos para lograr obras grandiosas en su nombre: "Ciertamente les aseguro que el que cree en mí las obras que yo hago también él las hará, y aun las hará mayores, porque yo vuelvo al Padre" (Juan 14:12). El que cree. Esa es una lista abierta. Las instrucciones finales de Cristo antes de dejar el planeta Tierra fueron: "Vayan y hagan discípulos de todas las naciones, bautizándolos en el nombre del Padre y del Hijo y del Espíritu Santo, enseñándoles a obedecer todo lo que les he mandado a ustedes. Y les aseguro que estaré con ustedes siempre, hasta el fin del mundo" (Mat. 28:19–20).

Debemos superar la idea de que Dios usa poderosamente a unos cuantos escogidos de cada generación para cumplir con sus planes para el reino, y que todos los demás somos básicamente insignificantes. Bajo la inspiración del Espíritu Santo, Pablo enfatizó la importancia de que todo el cuerpo de creyentes trabaje junto. Más aún, afirmó que "los miembros del cuerpo que parecen más débiles son indispensables, y a los que nos parecen menos honrosos los tratamos con honra especial... a fin de que no haya división en el cuerpo" (1 Cor. 12:22, 23,25). Cristo nos dejó demasiadas cosas que hacer como para dejárselas solo a unos pocos. Tú eres una parte honrosa del cuerpo de Cristo, y tu contribución es relevante. Recuerda que la aritmética de Dios en el Nuevo Testamento se especializa en la adición y en la multiplicación. No en la resta y en la división.

Lo único que necesitas para ser poderoso... es un escudo de fe y la espada del Espíritu (la Palabra de Dios).

EFESIOS 6:16-17

Esta es una excelente oportunidad de repasar algunos conceptos de los que hablé en el primer capítulo de este libro. Dios te creó para que produzcas mucho fruto. Puedes ser eficaz. Usado poderosamente. Sí, contigo estoy hablando. No con tu pastor ni con tu maestro de la Biblia. Tu legado todavía puede impactar a una docena de generaciones si Cristo se demora en volver. No tienes que ser de determinada forma física, ni haber recibido cierto don, ni asistir a una iglesia de cierta denominación, ni trabajar en cierto tipo de ministerio, ni tampoco fundar una organización sin fines de lucro... Lo único que necesitas para ser poderoso en tu generación es un escudo de fe y la espada del Espíritu (la Palabra de Dios, Ef. 6:16–17). Con Cristo puedes hacer absoluta e inequívocamente todo lo que Dios ponga ante ti (Fil. 4:13). Eso incluye echar al enemigo de tu Tierra Prometida.

Disfruté criando a dos hijas cerca de una buena amiga que tenía dos hijos. Me acuerdo de cuando su hijo mayor estaba en la secundaria y trató de formar parte del equipo de fútbol americano. Era alto, pero tan delgado que las hombreras hacían que pareciera normal. Su primer partido fue contra un equipo que obviamente comía en forma abundante. La primera vez que un jugador enorme corrió hacia él, se armó de valor para el golpe, pero en el mismísimo segundo antes de la colisión, pareció apoderarse de él un reflejo de supervivencia. Se echó a un lado e hizo un movimiento que parecía decir: "Por favor, pasa que me hago a un lado". No pienses ni por un momento que Satanás va a bajar el ritmo de la marcha cuando te vea por el camino. Tiene un arsenal de armas psicológicas para mantener nuestros pies fuera de la Tierra Prometida. Prepárate de antemano para que no te agarren desprevenido.

En Josué 1:9 Dios le advirtió a Josué que no cayera en dos de las fuerzas disuasorias más efectivas para evitar vivir en nuestra Tierra Prometida: "No tengas miedo ni te desanimes".

Miedo.

Desánimo.

En nuestro capítulo anterior, al hablar sobre la inseguridad, mencionamos el miedo. Me gustaría explorarlo más ahora, porque el miedo es el mismísimo factor que impide que muchos de nosotros encarnemos nuestra cuarta declaración de fe. Todo lo *podemos* en Cristo, que nos fortalece, pero la verdad es que *no lo lograremos* si tenemos miedo de intentarlo. Satanás hará todo lo que esté en su mano para asustarte y mantenerte alejado del destino que ha ordenado Dios para ti. Yo he luchado gran parte de mi vida contra una fortaleza de temor. Como en tu caso, los desafíos que enfrenté y una larga lista de seres queridos, le proporcionaban al enemigo bastantes oportunidades de alimentar mis temores. Muchas veces he oído la estadística de que el 90% de lo que tememos nunca llega a suceder. La verdad es que esas estadísticas han resultado ser ciertas en mi experiencia, pero Dios me ha enseñado tanto del 10% como del 90%. Paradójicamente, una de las formas que ha usado Dios para curar muchos de mis temores ha sido permitir que se cumplan unos cuantos. Cuando la crisis vino y se fue, era como si Él le dijera a mi corazón: "Beth, ¿pudiste sobrevivirlo?"

"Supongo que sí".

"¿El maligno fue capaz de usarlo y destruirte?"

"No, Señor, parece que no".

"¿Todavía eres mi sierva?"

"Pues sí, sí lo soy".

"¿Recogiste algo que podría servir para el cuerpo de Cristo?"

"Creo que sí. La verdad es que fueron varios volúmenes".

"¿Te sigo amando?"

"Indudablemente, Señor".

"¿Tú me sigues amando?"

"Más que nunca, Señor".

"¿Por qué?"

"Porque lo logramos. Tú y yo".

Muy de vez en cuando le pregunto a mi público cuántos han pasado por algo que los atemorizaba y que antes pensaban que no podrían superar.

Siempre se alzan manos en el salón de actos. Superar algo que estábamos seguros que no podríamos nos proporciona un pequeño vistazo de la inmortalidad de nuestro hombre interior, así como una clara evidencia de que Filipenses 4:13 funciona también para nosotros. A ninguno le gusta mucho la cantinela del "encáralo hasta que lo superes" para desterrar el miedo, pero desde luego, puede ser efectivo. Nuestra insistencia de que "yo no podría sobrevivir si eso me pasara a mí" no solo es un insulto para la gente que ya ha sobrevivido algo parecido, sino que también es un insulto a algo maravilloso llamado gracia. Donde abunda la necesidad, abunda aún más la gracia. La misericordia de Dios es nueva cada mañana, y al igual que el maná en el desierto, Él nos da según nuestra necesidad.

Yo escucho música constantemente, por lo que con frecuencia relaciono ciertas canciones con ciertas épocas de mi vida. Recuerdo haber pasado por una etapa difícil cuando una canción cristiana se hizo famosa, y por medio de las ondas radiofónicas lanzaba las siguientes palabras: "No eres tan fuerte como crees". Una mañana le insistí a Dios diciendo que no podía soportar las circunstancias que tenía ante mí y me parecían inevitables. Entonces me acordé de la canción, solo que esta vez una palabra era diferente, como si Dios me estuviera explicando algo: "No eres tan débil como crees". De hecho, todo lo puedes en Cristo, que te fortalece. Su poder se perfecciona en nuestra debilidad (2 Cor. 12:9).

Hace varios años tuve el deseo de volver a los alrededores de mis montañas favoritas, alojarme en una cabaña y dedicarme a escribir. Keith no podía acompañarme, y me pidió que me llevara a alguna amiga para que por lo menos se alojara en otra cabaña cercana. Yo accedí y le pregunté a una compañera, maestra de la Biblia, de la ciudad de Nueva York, que está tan estresada y agotada como yo. Como Teresa nunca había estado en esa parte del país, le prometí llevarla a Yellowstone. El parque nacional estaba bastante cerca de nuestra cabaña y, entre otras cosas, quería que viera Old Faithful. A mí los géiseres me siguen pareciendo fascinantes, y sabía que a ella también le impresionarían. Ya llevábamos bastante tiempo en el parque nacional, cuando ella miró expectante y pregunto: "¿Cuánto falta para que veamos Old Yeller?" ¿Old *Yeller?* Me reí tanto que casi me salí de la carretera y me di contra una manada de búfalos. Las palabras Old Faithful y Yellowstone se le mezclaron en su hermosa cabecita rubia. Su paso en falso era una aplicación perfecta para creerle a Dios. Al fin de cuentas, tú y yo seremos o bien Old Faithful u Old Yeller*, pero no podemos ser los dos a la vez. Uno siempre dejará atrás al otro.

Dios no solo le advirtió a Josué sobre el miedo. También sobre el desánimo. "No temas ni te desanimes". La palabra "desánimo" significa todo lo que te imaginas, pero he visto que existe un sinónimo al que merece la pena prestarle atención especial: desmoralización. Al reflexionar sobre la palabra *desmoralización,* me pareció sentir que el Espíritu Santo me revelaba una verdad sobre una posible dimensión de la palabra. Creo que la desmoralización se puede dar cuando Satanás averigua quiénes tememos ser y lo que tememos no poder hacer, entonces él nos lo confirma. ¿Alguien tiene un testimonio?

---

* N. de la T.: Faithful significa fiel. Yeller significa cobarde en ciertas regiones de los Estados Unidos.

Yo te podría dar un montón. Aunque no habría sabido expresarlo, durante años mi miedo más profundo era ser debilucha, indefensa ante la tentación y que como víctima que era, me derrumbaría cada vez que estuviera bajo presión. Era una víctima, sí, una víctima de mi propio y erróneo sistema de fe. Satanás detectó rápidamente mis temores, y los alimentó, haciendo todo lo que estaba en sus manos para confirmar lo que yo creía. Se trata de una gran forma de desmoralización. Una vez más vemos una enorme razón para creer que somos quienes Dios dice que somos, y que podemos hacer todo en Cristo.

Inmediatamente después de que Dios le dijera a Josué que no tuviera miedo ni se desalentara, le dio una razón importante para ello. La razón no tenía nada que ver con la ausencia de circunstancias de temor o de desánimo. Al contrario, Josué nunca se había enfrentado a nada tan terrible o de potencialmente tanta aflicción. ¿Qué razón le dio Dios a Josué para que dejara de lado el temor y el desánimo a la hora de afrontar enorme oposición? "El SEÑOR tu Dios te acompañará dondequiera que vayas" (Jos. 1:9). Cuando Jesús les dijo a sus discípulos que no tuvieran miedo en la tormenta, la razón no era que las terribles circunstancias iban a desaparecer, sino que tendrían la presencia de su Salvador. "¡Cálmense! Soy yo. No tengan miedo" (Mat. 14:27).

Recuerda que la fe nunca es una negación de la realidad. Es creer en una realidad más grande. Dicho con otras palabras, quizá tú estés ahora rodeado de circunstancias terribles o desalentadoras. La razón por la que no tienes que rendirte al miedo y al desaliento es la presencia de Dios en medio de nuestras circunstancias. Clama a Él para que pise nuestro territorio con los zapatos de su Unigénito y asuma el mando de los ejércitos del Señor (Jos. 5:15). Escucha cómo te dice a ti las mismas palabras que le dijo a Josué: "Quítate las sandalias de los pies, porque el lugar que pisas es sagrado". Ese lugar, esas circunstancias, son santas porque Dios está en ellas contigo. Querido amigo: no hace falta que tú te calces los zapatos de Dios. Quítate las sandalias, y camina descalzo tras Él.

En Josué 1:5 encontramos una poderosa garantía de seguridad que Dios le dio a Josué: "Durante todos los días de tu vida, nadie será capaz de enfrentarse a ti. Así como estuve con Moisés, también estaré contigo; no te dejaré ni te abandonaré". Con la esperanza de que Dios use este testimonio para hablarte, me gustaría contarte cómo hace varios años parecía que Dios me estaba poniendo Josué 1:5 delante de mí como un letrero de carreteras.

Un sábado a principios del otoño hablé en una conferencia con un gran hombre de Dios. Solo lo había tratado en una ocasión y brevemente, pero estaba programado que nos sentáramos juntos en un almuerzo que hubo para el personal justo antes de que hablara yo. Como Él sabía bastante poco sobre mí, me miró y dijo como quien no quiere la cosa: "Beth, ¿por qué limitas tanto a Dios en tu ministerio?" Me quedé dura, además de sentirme ofendida. La mesa se quedó en completo silencio con la excepción de este mismo hombre, que comenzó a ilustrar su afirmación con varios ejemplos.

Aunque traté de mantenerme tranquila, la mente me daba vueltas. En silencio llegué a la conclusión de que seguramente había hablado con el director de la junta de mi ministerio. Varios días antes dicho director y yo habíamos tenido otra ronda de conversaciones frustrantes sobre la realidad de que, en cuestiones relacionadas con Living Proof Ministries, yo soy lo que él llama cariñosamente, una obsesionada con el control. Me dijo que a él le parecía que Dios podía tener planes para el crecimiento del ministerio, y que eso podría llegar a incluir algo de radio o incluso de televisión. Yo volví a recitarle mi triple mantra: Nunca tendré numeroso personal. Nunca haré radio. Y está claro que nunca haré televisión.

Desafiando mi silencioso razonamiento por su obvio descaro, el hombre de la conferencia, tan abierto y sincero, y el director de mi junta no tenían relación en absoluto, ni había hablado de ese tema con nadie más. Me puso en un apuro al hacerme preguntas que sacaron a la luz todo tipo de inseguridades. Una de las más espinosas fue: "¿Reconoces que Dios te ha dado un don?" La pregunta en sí hace que cualquiera se muera de vergüenza, pero añádele al cóctel los graves pecados de mi pasado, y lo único que queda es la irracional gracia Dios derramada sobre mí para servirlo. Mi tendencia es tratar de disculparme ante otros que están en el ministerio por bajar el nivel de liderazgo. El hombre llegó a tener el valor de preguntarme si podía llegar a confesar con cuánta frecuencia me criticaba a mí misma. No, yo no quería "confesar" nada. Lo único que quería preguntarle era si más tarde sería capaz de confesar que una mujer le había puesto un ojo morado. Al final me volví hacia un miembro del plantel, y le dije bromeando: "¿Vas a dejarlo seguir?" Él sonrió de oreja a oreja. "¡Por supuesto! Me lo estoy pasando bomba".

Quizá este sea un buen momento para añadir que el hombre nunca fue grosero, y que su única intención fue animarme y alentarme. Todos los de la mesa lo sabían menos yo. Y ese almuerzo no fue el final de la historia. Después que hablé en la conferencia, el personal de la iglesia lo invitó a que volviera al podio. Cuando lo vi poner una sola silla en medio del escenario, miré a su socio y le dije: "Si eso es para mí, voy a tener que matar a alguien". ¡Claro que lo era! Invitó a la congregación a orar con él por mí porque estaba convencido de que Dios quería expandir lo que estaba haciendo en el ministerio que me había asignado. Al final del evento yo, según palabras de mi familia, estaba hecha una furia.

Hasta ese día nunca había estado totalmente segura de a qué llamaba mi abuela un ataque de ira. Tuve uno de camino a casa mientras iba sola en el auto. "¿Qué fue eso?", le grité al cielo. No obtuve ninguna respuesta, pero tampoco recuerdo que me sintiera lo suficientemente tranquila como para oír alguna. Durante los días siguientes me ponía roja, y mi alma se entristecía por los muchos "nuncas" que le he dicho a Dios. Cuando por fin comencé a caminar en la senda cristiana, hice míos una lista de "nuncas" espiritualizados para protegerme de llegar a ser como la gente de los medios de comunicación cristianos, que me parecían personas raras. Ahora me doy cuenta de que en el corazón de mi lista de "nuncas" no estaba el deseo de ser como Cristo. No me caben dudas de que Él puede usar los medios de comunicación para extender su reino. Mi deseo era no ser como los otros. ¡Qué arrogante puede llegar a ser una persona al intentar ser humilde! Pero para Dios no era una cuestión de crecimiento del ministerio, participación en la radio, ni ninguna otra clase de medios de comunicación. Era una cuestión de autoridad. Él es Dios, y es el único que tiene derecho a decir lo que haremos y no haremos con nuestros llamados.

Al orar y llorar, sentí como si Dios le preguntara suavemente a mi corazón: "Beth, ¿de qué tienes miedo?" Llena de lágrimas amargas, murmuré: "¡Tengo miedo de fallarte!" Dios sabe que lo tenía. Lloré hasta que me dolió la garganta. La siguiente mañana la maestra de Biblia, Kay Arthur, estaba hablando en Houston, y yo tuve el privilegio de abrir el acto con una oración. Me moría por una palabra de Dios, así que me senté fascinada en la primera fila. No fue casualidad que el texto de Kay esa mañana fuera Josué capítulo 1. En cierto punto de su mensaje, bajó los escalones del escenario, me miró a los ojos, y apasionadamente pronunció una frase muy directa de Josué 1:5. Dijo las palabras una a una: "¡No–te –dejaré!"

De vez en cuando se me acerca alguien después de una conferencia y me dice que se sintió como si fuera la única persona de la sala, ya que parecía que Dios le había hablado de una forma extremadamente directa. Ese día, sentada en primera fila en la conferencia de Kay, yo tuve esa misma sensación. Apenas 24 horas antes, le abrí mi alma a Dios y confesé mi peor temor: "¡Tengo miedo de fallarte!" Por medio de su amada sierva, Dios me respondió: "Pero, Beth, yo no te fallaré". Todavía me saltan lágrimas cuando me acuerdo.

Por mucha resistencia que yo haya podido poner, Dios también usó a ese siervo atrevido y valiente para traer a colación cuestiones oportunas el fin de semana anterior. Él es un gran hombre que Dios está usando poderosamente. Desde aquella ocasión hemos hablado varias veces e incluso reído (un poquito) de eso. Sigue diciendo que no tenía ni idea de que se había metido en el ring donde Cristo y yo estábamos luchando. Y fíjate que le faltó poco para que le pusieran un ojo morado. Que nunca te digan que el ministerio es la ruta segura.

Amado amigo, lo reconozcas o no, Dios te ha dado dones por medio de su gloriosa gracia y por amor de su nombre. Cristo ha hablado sobre tu vida, ya que eres su discípulo del tiempo presente: "Mi Padre es glorificado cuando ustedes dan mucho fruto y muestran así que son mis discípulos". Quizá tú, al igual que yo, le has fallado gravemente a Dios en el pasado. Quizá, igual que en mi caso, tu confianza estaba puesta inconscientemente en tu propia habilidad y determinación para no perder el rumbo. Yo creía sinceramente que mi genuino amor por Él mantendría mis pobres pies en el camino correcto. Recuerdo claramente que cuando tenía poco más de 20 años, le dije a Dios que nadie lo amaría nunca tanto como yo y que nunca se arrepentiría de haberme llamado. Después de eso me di la cabeza contra la pared. Por desgracia, no una sola vez. Una y otra vez las palabras me machacaban la cabeza como campanas de iglesia que tocan disonantes: ¡Le he fallado a Dios! ¡Le he fallado a Dios!

Me da la impresión de que yo no soy la única en sentirse así. Hay fracasos de todo tipo, y llegan a todo tipo de cristianos confiados y sinceros. Para sentir que hemos fallado no hace falta que cometamos ningún pecado grave. A veces, por las muchas ocasiones en que hemos demostrado ser ineficaces y faltos de talento, basta con que nos parezca que no vale la pena volver a intentarlo. ¿Cuál es tu caso? ¿Crees que de alguna forma le has fallado a Dios? ¿Estás demasiado asustado o desalentado para tratar de volver a servir a Dios? ¿Le has permitido a Satanás que te desmoralice, alimentando tu temor de que solo eres un fracaso? Si es así, escucha estas palabras: ¡Dios–no–te–fallará! Agárrate de Él con todas tus fuerzas. Abandónate por completo en su capacidad para el éxito, no en la tuya. Ciérrate a toda ambición que no sea agradarle a Él. Camina a la sombra del Omnipotente. Agárrate del dobladillo de su túnica y halla sanidad y gracia para ir adondequiera que Él te lleve. En ese lugar estarás equipado para hacer lo imposible. Allí todo lo puedes en Cristo, que te fortalece.

¿Puedes reconocer que Dios te ha dado dones? ¿Puedes reconocer que te has criticado a ti mismo muchas veces? ¿Puedes reconocer que algunos de tus intentos de ser humilde han sido espoleados por el orgullo? ¿Eres capaz de reconocer que…

¿Acaso…

…Dios es quien dice ser?

…Dios puede hacer lo que Él dice que puede hacer?

…tú eres quien Dios dice que eres?

…todo lo puedes en Cristo?

Me parece oír el ruido conocido de una silla que arrastran al medio del escenario. Esta vez no es para mí. Es para ti. Humíllate y siéntate en ella. Deja que Cristo interceda por ti según la voluntad de su Padre. Él sabe los planes que tiene para ti. Planes para darte una esperanza y un futuro. Tú puedes porque Él puede.

"Recita siempre el libro de la ley y medita en él de día y de noche; cumple con cuidado todo lo que en él está escrito. Así prosperarás y tendrás éxito."

Josué 1:8

Capítulo 9

Creerle a Dios: Su Palabra está viva y es poderosa en tu vida

Quizá te resulte difícil creer esto, pero de verdad que con los años he sentado un poco la cabeza. Los primeros diez años que pasé en la Palabra creí que todos los puntos de vista doctrinales que me habían enseñado eran totalmente correctos, y que no cabía duda de que todas las demás interpretaciones eran erróneas, al igual que la gente que creía en ellas. ¿Quién me creía ser? Daba clases de ejercicios aeróbicos en el gimnasio de nuestra iglesia. Me pasaba todas las mañanas haciendo gimnasia, y todas las tardes estudiando las Escrituras. Quizá haya llegado a demostrar que no hay nada tan peligroso como una mujer que estudia la Biblia con malla de gimnasia, camisetas y medias apropiadas. Me imagino que no hice mucho daño. Después de todo, ¿quién me habría podido tomar en serio con mis "pesas para gimnasia" y pelo estilo años ochenta? Me he convencido a mí misma de que debo actuar defensivamente. Debes saber que en esa clase éramos mujeres brillantes a pesar de llevar coletas a los lados de la cabeza, y mallas de gimnasia color violeta.

Una forma que usó Dios para ensanchar mi mundo fue sacarme del gimnasio y ponerme en el calor de una guerra espiritual. Permitió que el enemigo me zarandeara como trigo, pero solo porque yo tenía varias cosas que debían ser zarandeadas urgentemente. Mi mundo personal, tal y como yo lo conocía, se destruyó cuando tenía treinta y tantos años. En ese entonces no tenía ni idea de que se trataba del plan de Dios para sanarme. Durante cierto tiempo estuve bastante segura de que el plan era para matarme. No me liberé; fui liberada. Pasé los años siguientes en cuidados intensivos con Dios, mientras Él comenzaba a reconstruirme desde adentro para que yo pudiera enseñar lecciones más difíciles... pero con un espíritu menos intransigente.

Una relación con Dios por medio de su Palabra es fundamental para la victoria constante del cristiano.

Aunque con los años ya se habían suavizado varias asperezas, otras de esas convicciones originales no habían hecho más que endurecerse. La prioridad de la Palabra de Dios es sin duda una de ellas. Cada vez me convenzo más de que una relación con Dios por medio de su Palabra es fundamental para la victoria constante del cristiano. Aquí te doy varias razones: no podemos creer en Dios de una forma presente y activa en nuestros desafíos diarios si no estamos en su Palabra de una forma presente y activa. Romanos 10:17 nos presenta esta relación tan obvia: "Así que la fe viene como resultado de oír el mensaje, y el mensaje que se oye es la palabra de Cristo". La dirección de Dios para nuestras vidas se desvanece sin la Palabra de Dios como "una lámpara a mis pies; ... una luz en mi sendero" (Sal. 119:105). Y más aún: la libertad en Cristo se hace realidad en la vida por medio del conocimiento y la aplicación de la Palabra de Dios. No basta con llevar la Biblia a la iglesia o ponerla en la mesa de noche. El Salmo 119:11 lleva también implícita la idea de guardar la Palabra en nuestro corazón como salvaguarda mayor contra el pecado.

Efesios 6:17 nos ofrece otra razón vital en cuanto a que la Palabra es fundamental para la victoria; se trata de una idea que repetiremos a lo largo de este libro: La Palabra de Dios es nuestra espada del Espíritu, pero tenemos que aprender a usarla si queremos ser una fuerza poderosa para el reino y contra la oscuridad. Y por último, en términos del mensaje central de este libro, nunca llegaremos a habitar en nuestra tierra de la promesa a menos que las promesas de Dios habiten en nosotros. Dios indicó su parámetro con Josué cuando le dijo que tuviera la Palabra continuamente en sus labios, que meditara en ella de día y de noche, y que viviera según sus mandatos. "Así prosperarás y tendrás éxito" (Jos. 1:8). Creo de todo corazón que la clave del verdadero éxito reside en vivir en y por la Palabra de Dios.

Hace poco mi esposo (tan cínico como siempre), Keith, me preguntó por qué de repente en la iglesia todo el mundo parece estar hablando de tener un "versículo de vida". Me encogí de hombros y le expliqué que hay ciertas palabras y frases de moda que van y vienen en la cultura de la iglesia. Le dije que creía que un "versículo de vida" es un texto de las Escrituras, que a un creyente le parece que encierra de la mejor manera su testimonio o su relación con Dios. Me preguntó cuál creía yo que era el mío, a lo que le dije en broma: "Arrepiéntete o morirás". (Después de mi historia pasada de pecado, Dios y yo hemos hecho un trato: si mi vida produce fruto, le doy a Él toda la gloria, y Él me permite vivir.) Después de soltar ambos una buena carcajada, me puse a pensar con más detenimiento en la pregunta de Keith.

La Palabra de Dios es nuestra espada del Espíritu, pero tenemos que aprender a usarla si queremos ser una fuerza poderosa para el reino y contra la oscuridad.

La verdad es que parece que tengo un versículo favorito nuevo cada día, pero el nombre y el propósito de Living Proof Ministries viene de Hebreos 4:12, un pasaje que Dios usó para darle a mi vida un rumbo totalmente nuevo. Lo expresa mejor la versión ampliada: "Ciertamente, la Palabra de Dios es viva y poderosa [la hace activa, operativa, energizante y efectiva] y más cortante que cualquier espada de dos filos. Penetra hasta lo más profundo del alma y del espíritu [inmortal], hasta la médula de los huesos [las partes más profundas de nuestra naturaleza], y juzga los pensamientos y las intenciones del corazón".*

Viva, activa, operativa, energizante, efectiva. Son elementos bastante impresionantes, ¿verdad?

En este versículo no pases por alto el vínculo tan crucial entre la Palabra de Dios y el pueblo de Dios. Él no solo nos dijo que su Palabra está viva y es efectiva y poderosa en sí misma. Insistió en que está viva y es efectiva y poderosa en nosotros cuando la recibimos. Haz una pausa y asimila esa verdad. Estoy convencida de que la mayoría de nosotros no hemos empezado a apreciar y asimilar este precepto tan revolucionario. A diferencia de cualquier otro texto, la Palabra de Dios tiene efectos sobrenaturales en quienes la reciben por fe. Cuando la recibimos al leerla, meditar en ella, creerla y aplicarla, la vida de la Palabra se hace viva en nosotros. El poder de la Palabra de Dios se hace poderoso en nosotros. La actividad de la Palabra se hace activa en nosotros. Las operaciones de la Palabra se hacen operativas en nosotros. La energía de la Palabra se convierte en energía en nosotros. La efectividad de la Palabra se hace efectiva en nosotros. De hecho, según Hebreos 4:12, cuando recibimos la Palabra de Dios, esta invade todo nuestro ser, incluso la médula de los huesos y los motivos de nuestro corazón.

---

* N. de la T.: Lo que aparece entre corchetes es una traducción libre del material parentético de la versión ampliada (Amplified Version) en inglés. El resto es de la Nueva Versión Internacional.

Dios no habla solo para oír el sonido de su propia voz. Y resulta interesante saber que tampoco habla para ser oído por otros. Habla para lograr algo. Así ha sido desde el principio de los tiempos. Génesis 1:3 registra las primeras palabras que salieron de su boca en lo que concierne a la humanidad: "Y dijo Dios: '¡Que exista la luz!' Y la luz llegó a existir". Isaías 55:10–11 expresa la intención de su Palabra:

> Así como la lluvia y la nieve
> descienden del cielo,
> y no vuelven allá sin regar antes la tierra
> y hacerla fecundar y germinar
> para que dé semilla al que siembra y pan al que come,
> así es también la palabra que sale de mi boca:
> No volverá a mí vacía,
> sino que hará lo que yo deseo
> y cumplirá con mis propósitos.

La Palabra de Dios tiene poder para lograr y poder para conseguir. Eso es un hecho. Pero yo quiero que logre y consiga poder en mí. Y por suerte, Dios quiere lo mismo. Uno de los cambios más importantes en cómo me acerco a Dios es que le agradezco deliberadamente la rapidez del poder de su Palabra en mí, afirmando y creyendo que la energiza para llevar a cabo sus deseos, incluso en el mismísimo momento en que la recibo. Todas las mañanas, cuando me siento delante de Dios en el porche trasero de mi casa, y le presento en oración las actividades del día y mis peticiones, recibo mi lectura diaria de la Biblia como un atleta que se come una barrita energética. Con frecuencia leo en voz alta la porción de ese día de la Palabra, y participo activamente recibiéndola por fe. (Lo hago tomándome un momento para meditar en ella. A veces me hago preguntas a mí misma, tipo: "¿De verdad creo estas palabras? De ser así, ¿cómo lo muestro? ¿Hay alguna forma de actuar hoy en la verdad de estas palabras? ¿Cómo se aplican estas palabras a mis desafíos actuales y a mis peticiones de hoy?" También le pido a Dios que tome esas palabras y las siembre profundamente en mi corazón, que de otro modo sería engañoso, e incluso en mi subconsciente.) En mi lectura de la Biblia de cada mañana, cuento con que esas Escrituras sean algo activo, energizante y poderoso en mí ese día.

Y lo son.

Porque eso es lo que tienen que ser.

Llevo mucho tiempo amando la Palabra de Dios, pero mi enfoque y mis expectativas han cambiado espectacularmente a medida que ha crecido mi confianza en Él. Hace tiempo lo que yo solía esperar de mi lectura diaria de la Biblia era un poco de dirección y un poco más de conocimiento, por tanto esos eran los dividendos que yo era más consciente de recibir. Ahora a esas expectativas les añado vivacidad, energía, y fuerza provenientes de la Palabra, y cuento de antemano con su efectividad. A lo largo del día, cuando encuentro desafíos inevitables y dudas sobre mí misma, muchas veces pienso o digo en voz alta: "Señor, tu Palabra está viva y actúa hoy en mí, y te doy gracias por su poder para lograr y conseguir cosas. Haz que sea eficaz hoy en mí, y hazme a mí eficaz en ti hoy".

Y eso no es todo lo que pido. También conozco la sanidad que me ha dado Dios por medio de su Palabra, y por eso oro activamente versículos como Salmo 107:20 y Proverbios 4:20–22, con respecto a mi vida y la vida de mis seres queridos.

Salmo 107:20 dice: "Envió su palabra para sanarlos".

Proverbios 4:20–22 dice: "Hijo mío, atiende a mis consejos; escucha atentamente lo que digo. No pierdas de vista mis palabras; guárdalas muy dentro de tu corazón. Ellas dan vida a quienes las hallan; son la salud del cuerpo".

Cuando estudio la Palabra de Dios, le pido muchas veces que me haga una persona más sana en cualquier sentido que Él vea conveniente. Sé que mi Amanda, Curt y Melissa también buscan diariamente a Dios por medio de su Palabra, así que le pido lo mismo para ellos y para mi esposo, Keith. Y del mismo modo le pido a Dios que envíe sus palabras sanadoras a quienes toman parte en los estudios bíblicos que Él me ha dado. Recibiré con gozo toda aplicación de ese precepto que Él desea, tanto si es para la integridad espiritual, emocional, mental o física. Cuento continuamente con que la Palabra de Dios logre más plenitud en todo oyente sincero, sea de la forma que sea. ¡Olvídate del legalismo! Sea cual sea la forma que Dios elija para aplicar el poder y la eficacia de su Palabra en mi vida y en las de mis seres queridos, quiero que la recibamos.

Si tus expectativas en cuanto a la Palabra de Dios en tu vida han sido pequeñas, te voy a pedir que trates de concederle más credibilidad. En 2 Timoteo 3:16 leemos: "Toda la Escritura es inspirada por Dios", así que no la leas como si fuera solo otro libro devocional o un texto con instrucciones. ¡Inhálala! Jeremías 15:16 dice: "Al encontrarme con tus palabras, yo las devoraba; ellas eran mi gozo y la alegría de mi corazón, porque yo llevo tu nombre, SEÑOR, Dios Todopoderoso". Cuando estés con la Palabra de Dios, trata de tener el mismo enfoque que Jeremías. No te limites a leer. Recibe esas palabras como una persona famélica que participa en un banquete. Tanto si nos imaginamos que la inhalamos o devoramos, "que habite en [nosotros] la palabra de Cristo" (Col. 3:16). Pídele a Dios que la haga habitar en ti, y que te otorgue sus propiedades de vida efervescente, poder y eficacia. ¿Qué te parece si para cambiar un poco, hay en tu vida algo con un bagaje positivo? Créele a Dios; Él puede lograr y conseguir algo eterno y deliberado por medio de tu meditación diaria en las Escrituras. Haz que crezca tu confianza de que toda palabra que habita en ti está teniendo efectos poderosos.

La razón principal por la cual la Palabra de Dios puede tener tal efecto en la vida diaria de un creyente es su asociación tan vital con el Espíritu Santo.

La razón principal por la cual la Palabra de Dios puede tener tal efecto en la vida diaria de un creyente es su asociación tan vital con el Espíritu Santo. Cuando aceptamos a Cristo como Salvador, el mismo Espíritu de Cristo, o la Persona a la que llamamos el Espíritu Santo, pasa a habitar en nosotros. Primera Corintios 6:19 nos llama templos del Espíritu Santo. Este Espíritu Santo que vive dentro de nosotros tiene una conexión sumamente estrecha con la Palabra de Dios, y eso se puede ver muy fácilmente en Juan 14:17 y 2 Timoteo 2:15. El primero llama al Espíritu Santo el "Espíritu de verdad", mientras que el último llama a las Escrituras la "palabra de verdad." Así como el pecado contrista al Espíritu Santo que hay en nosotros, las Escrituras reavivan al Espíritu Santo que hay en nosotros. De hecho, cuando estamos llenos del Espíritu Santo por rendirnos a su señorío y por leer y recibir la Palabra de Dios, tiene lugar algo casi sobrenatural. Algo así como una combustión interna. Me explico:

En Jeremías 23:29 Dios dijo: "¿No es acaso mi palabra como fuego...?" Al usar esta comparación, relacionando algo que no podemos entender del todo con algo que sí podemos, imagínate que el Espíritu Santo es una sustancia inflamable dentro de nosotros. Como en la Palabra el aceite se asocia a menudo con la unción, muchos eruditos creen que el aceite era un símbolo del Espíritu Santo. Para nuestra analogía imaginémonos que el Espíritu Santo es un aceite inflamable que está dentro de nosotros. Imagínate ahora que este aceite nos anega completamente cuando buscamos y recibimos por fe la llenura del Espíritu Santo de Dios. Luego imagínate que tomas la antorcha de la Palabra de Dios y la combinas con el aceite del Espíritu Santo. ¿Cuál es el resultado? El fuego consumidor de nuestro Dios empieza a arder dentro de nosotros, aportándonos energía sobrenatural, actividad gloriosa y una fuerza pura no adulterada. Si te gustan las fórmulas, creo que esta es una con la que puedes contar:

El Espíritu de verdad + la palabra de verdad =
combustión interna

Hay veces que yo realmente siento al Espíritu Santo dentro de mí, estimulando la Palabra de Dios cuando la estudio, la mezclo con fe, y oro para absorberla. Aunque no sienta nada, cuento con tener dentro de mí esos fuegos artificiales tan sobrenaturales. Dios dice que su Palabra está viva y es poderosa, y yo le creo. También dice que su Palabra está viva y es poderosa cuando está en mí.

En mí, que soy una pila de errores, miedos e inseguridades.

Date cuenta de una cosa: mi debilidad no es lo bastante fuerte como para herir o perjudicar la Palabra de Dios. La tuya tampoco. Dios hace su obra. Habla para lograr algo. Nosotros no tenemos que obligarlo a hacerlo. Lo único que tenemos que hacer es dejarlo entrar.

¡Por fin! Ha llegado el momento de agregar nuestra quinta declaración a nuestra promesa de fe. Escribe las otras cuatro y pasa un momento con Dios para celebrar la quinta:

- ______________________________
- ______________________________
- ______________________________
- ______________________________

La Palabra de Dios está viva y es activa en mí.

Créela y recíbela.

"Creí, y por eso hablé."

2 Corintios 4:13

Capítulo 10

Creerle a Dios: Él puso su Palabra en tu boca

Nuestro capítulo anterior se centró en la vida y el poder de la Palabra. Aprendimos un principio muy importante: Dios no habla solo para ser oído; Dios habla con un propósito. Sus palabras tienen poder de lograr y conseguir, y si las aceptamos por fe y con obediencia, tienen poder para lograr y conseguir algo en nosotros.

Los seres humanos son algo único entre todas las criaturas porque fuimos creados a imagen de Dios. Nuestra singular capacidad para comunicarnos por medio de palabras es una de las evidencias más obvias de la imagen divina que tenemos. El elemento de comunicación divina transmitido a los habitantes de la tierra es tan crucial, tan fundamental que a Cristo se lo llama la palabra que se hizo "carne y habitó entre nosotros" (Juan 1:14). Como nosotros hemos sido creados a imagen de nuestro Comunicador divino, me atrevería a apuntar que nuestras palabras también poseen elementos de logro y poder. Proverbios 18:21 dice: "En la lengua hay poder de vida y muerte". A excepción de reyes, jueces y dictadores, la aplicación es primordialmente figurativa, pero no creas que diminutiva. El poder de nuestra lengua no es nada pequeño. La mayoría de nosotros podemos ser testigos de que la lengua humana tiene poder de matar todo tipo de cosas: relaciones, sueños de toda una vida, y confianza en uno mismo, entre otras muchas víctimas mortales. Gracias a Dios, quizá muchos de nosotros también hayamos disfrutado de palabras que dan vida, aliento, instrucción y exhortación.

Las palabras de Dios son omnipotentes.
Nuestras palabras son potentes.

Hace poco mi equipo de alabanza y yo fuimos a almorzar juntos a un restaurante de Houston después de un evento que televisamos a nivel nacional. De repente vi que en una mesa contigua estaba mi antigua maestra de lengua de secundaria. Yo tuve la gran bendición de estudiar con esta maestra exigente y amable los dos últimos años de secundaria. Cuando me gradué perdí el contacto con ella, pero llevaba años queriendo verla cara a cara para darle las gracias. Ella fue la primera persona que dijo que en mí había una escritora oculta. Después de ese tiempo yo caí en tanto pecado, hipocresía y desesperación, que estaba segura de que aunque yo hubiera podido ser una gran escritora, lo habría echado a perder por mi estupidez. Dios es misericordioso, y sus promesas siguen vigentes por amor de su nombre. Él usó muchas veces a aquella maestra de lengua de secundaria durante los años en que yo me anegaba en dudas sobre mí misma. Después de muchos libros y estudios bíblicos, sigo sin considerarme como escritora, pero de vez en cuando pienso: *La señora Fanett lo consiguió.* No subestimes nunca el poder de las palabras. Estoy segura de que tú tienes tus propias historias. Y qué interesante saber que otros tienen sus historias sobre el impacto de nuestras palabras. Me gustaría saber qué dirían.

Las palabras ejercen poder. Poder divino y mortal.

Podríamos poner esta comparación sobre el poder de las palabras:

Las palabras de Dios son *omnipotentes*. Nuestras palabras son *potentes*.

Las palabras de Dios son omnipotentes para lograr y conseguir. Nuestras palabras pueden ser potentes para lograr y conseguir.

Un elemento fundamental para aprender a caminar por fe y obediencia es aprender a hablar por fe y obediencia. Tanto la Biblia como la experiencia personal nos enseñan que las palabras humanas tienen mucho poder. De hecho, Santiago 3:4 compara la lengua con un pequeño timón que puede servir para maniobrar un barco grande. Santiago 3:6 compara la lengua con un fuego que puede corromper y hacer arder a toda la persona. Nuestras palabras son potentes, al margen de cómo las usemos, pero ¿qué pasaría si permitiéramos que Dios las controle?

Me gustaría sugerirte que el mejor instrumento que tenemos para expresión externa del poder divino es nuestra boca. Quizá por eso

Satanás hará todo lo que pueda para inflamar la lengua con el fuego del infierno (Sant. 3:6). Él sabe que quien controla la lengua puede con frecuencia controlar a todo el hombre. Las lenguas del pueblo de Dios deben ser inflamadas por el santo fuego del cielo, y deben lograr cosas que glorifiquen a Dios. Santiago 3:2 afirma que una de las principales señales de un cristiano maduro es una lengua domada. De algo estoy completamente segura: una boca santificada es muy fuera de lo común como para ser casualidad. Si la deseamos tenemos que adquirirla regularmente y cooperar con Dios para recibirla.

Una de las formas principales que usa Dios para santificar nuestra lengua es poner en ella su Palabra. La primera estrategia que Dios le dio a Josué para vivir victoriosamente y con éxito en la Tierra Prometida es bastante significativa. Antes de que Dios le dijera a Josué que meditara en su Palabra y viviera por sus preceptos, le dio este mandato: "Recita siempre el libro de la ley" (Jos. 1:8). ¿Qué quería decir Dios? ¡Ten mi Palabra en la punta de la lengua!

En el Antiguo Testamento la práctica de la meditación no incluía solo los pensamientos, sino también la boca. Para los antiguos hebreos, una parte fundamental de la meditación era repetir con la lengua un precepto o una frase concreta de las Escrituras, y decirla en voz alta una y otra vez, reflexionando y pensando en ella.

En este momento de nuestro viaje a la Tierra Prometida nos estamos chocando con algo importante en extremo. Creo que el precepto que estamos a punto de analizar es el quid de la cuestión. Lo que tú hagas con este capítulo puede llegar a determinar si solo estás leyendo un libro cristiano más, por más alentador que sea, o te armas y te conviertes en alguien peligroso para el reino de la oscuridad en la lucha de la fe.

Una de las formas principales que usa Dios para santificar nuestra lengua es poner en ella su Palabra.

Ya conté antes que mi esposo es la encarnación (incluso una caricatura) de lo que muchos se imaginan que es un tejano. Aunque ni muerto llevaría una hebilla enorme en el cinturón, lleva sombrero de cowboy, pantalones vaqueros y un par de botas camperas de las muchas que tiene en el armario. Y no solo es que lleve el vestuario, es que actúa como tal. Es un cazador tejano hecho y derecho. Yo que soy pacifista por naturaleza, tengo otras aficiones. Prefiero los libros a las matanzas, lo que explica por qué nos llamamos Keith el bárbaro y Beth la bibliotecaria. Pero sí me gusta mucho la sencillez y la tranquilidad de la vida que gira en torno a sus deportes de Texas.

El año pasado, en primavera, agarré una novela cristiana y fui con Keith a cerrar por ese año la temporada del ciervo. Una noche salimos a pasear con los dos perros. Protesté cuando Keith tomó una escopeta, pero él me recordó que en esa zona había muchos jabalíes y serpientes, y que presentaban una amenaza tanto para nosotros como para los perros. Como de costumbre, él caminaba con la escopeta abierta y desenganchada sobre el antebrazo derecho, separando con seguridad el cañón del mecanismo del gatillo y el mango. En la otra mano llevaba la correa que tiraba de nuestro precioso perro de caza. Yo llevaba nuestra fiel perra (mi mejor amiga desde hacía diez años) con la otra correa.

En el desierto de la tentación, Cristo dejó un ejemplo de responder con la Palabra de Dios al encontrarse bajo asalto satánico.

Cuando habíamos recorrido como una milla, mi perra Sunny se detuvo repentina y fieramente a causa de algo que había delante de ella. Mis ojos no tuvieron tiempo de ver el objeto de su furia, cuando Keith hizo chasquear repentinamente la escopeta, la colocó hacia arriba para poder agarrarla por el gatillo, e hizo volar en pedazos la cabeza de una serpiente de cascabel. Todo eso con un solo brazo. Estoy hablando de *Gunsmoke*.*

Ya veremos que llevar la Palabra de Dios lista en la punta de la lengua tiene muchas ventajas, pero Keith ejemplificó una de las más importantes. La Palabra de Dios lista en la punta de la lengua es como tener una escopeta cargada en nuestro caminar hacia y por nuestra Tierra Prometida. Siempre y cuando vayamos armados, podemos

---

* N. de la T.: Serie de televisión ambientada en el lejano oeste, de las más clásicas y conocidas.

caminar tranquilamente porque de llegar una amenaza, tenemos munición y estamos listos para dispararle a la cabeza de "aquella serpiente antigua que se llama Diablo" (Rev. 12:9). Piensa en la cabeza como símbolo de autoridad. Las fortalezas son todas las formas con que el diablo trata de asumir autoridad en nuestra vida. Si pertenecemos a Cristo, Satanás no tiene derecho a ejercer autoridad sobre nosotros, pero espera que seamos demasiado ignorantes con respecto a las Escrituras como para saberlo. En el desierto de la tentación, Cristo dejó un ejemplo de responder con la Palabra de Dios al encontrarse bajo asalto satánico. Conocer y reclamar la Palabra de Dios al ser atacados le vuela la cabeza a las fuerzas enemigas.

No hace falta que nos enfrentemos a un enemigo demoníaco para necesitar tener lista en nuestra lengua la Palabra de Dios. Nos basta con enfrentarnos a nuestras propias debilidades, dudas, desafíos cotidianos y cosas semejantes. En 2 Corintios 4:7–13 se describe lo que es vivir con poder en medio de innegables pruebas. Concluye con una potente directiva que podemos relacionar con Josué 1:8 y la Palabra en nuestra lengua.

> Pero tenemos este tesoro en vasijas de barro para que se vea que tan sublime poder viene de Dios y no de nosotros. Nos vemos atribulados en todo, pero no abatidos; perplejos, pero no desesperados; perseguidos, pero no abandonados; derribados, pero no destruidos. Dondequiera que vamos, siempre llevamos en nuestro cuerpo la muerte de Jesús, para que también su vida se manifieste en nuestro cuerpo. Pues a

> nosotros, los que vivimos, siempre se nos entrega a la muerte por causa de Jesús, para que también su vida se manifieste en nuestro cuerpo mortal. Así que la muerte actúa en nosotros, y en ustedes la vida.
>
> Escrito está: "Creí, y por eso hablé". Con ese mismo espíritu de fe también nosotros creemos, y por eso hablamos.

Aparta un momento para practicar un poco de meditación hebrea en lo que concierne a esta última frase.

"Con ese mismo espíritu de fe también nosotros creemos, y por eso hablamos".

Con toda seguridad, así como en cualquier otro lugar, la palabra "espíritu" en 2 Corintios 4:13 se refiere a la esencia o idea de vida inmaterial, pero el significado más literal de la palabra griega *pnuema* es aliento. Pensando en la aplicación, si momentáneamente sustituimos la palabra *espíritu* por la palabra *aliento,* el versículo diría: "Con ese mismo aliento de fe también nosotros creemos, y por eso hablamos".

Recuerda que "toda la Escritura es inspirada por Dios" (2 Tim. 3:16), así que, con respecto a la Palabra de Dios, imagínate que es como recibir primeros auxilios espirituales. Podemos pasarnos horas leyendo las Escrituras, pero si no la recibimos por fe, no habitará en nosotros, y no aportará su vitalidad, su energía ni su eficacia. Quizá nos aliente y anime, pero ni recibimos poder ni somos cambiados. En cambio, si la recibimos por fe, es decir, aceptándola en nuestro ser, será como inhalar un aliento de fe. Después, cuando decidimos decir lo que creemos, podríamos imaginarnos exhalando ese mismo aliento en nuestro discurso. Por supuesto, ni la Palabra ni el Espíritu de Dios se marchan jamás. Lo que hacen es comunicar, informar. Veamos cómo es el proceso paso a paso:

1. Leemos o escuchamos la Palabra de Dios.
2. Tomamos la decisión de recibirla, inhalándola como un fresco aliento de fe.
3. La decimos en voz alta en momentos apropiados, aunque sea a nosotros mismos, exhalando ese espíritu de fe sobre todas nuestras circunstancias.

Llevar un estilo de vida razonable de creer y hablar la Palabra de Dios es como vivir con los primeros auxilios del Espíritu Santo. No trates de hacer de ello algo místico. Es lo más práctico del mundo. La idea es que cuanto más creemos la Palabra, y después aprovechamos la oportunidad de hablar esa misma Palabra, concepto, o aplicación, más activamente vivimos y respiramos fe. Esto se puede llevar a cabo…

- leyendo en voz alta las Escrituras.
- memorizando las Escrituras.
- meditando en las Escrituras.
- aprovechando las oportunidades de comentar verdades de las Escrituras en alguna en clase, con algún amigo, o con la familia.
- haciendo lo mismo con conceptos o aplicaciones de las Escrituras.

Por cierto no estoy sugiriendo arengar a la gente con las Escrituras.

En términos de nuestra analogía, podríamos llamar a eso mal aliento. Una palabra fresca sale de nuestra boca con aliento fresco.

¿Te acuerdas de la fórmula del capítulo anterior?

El Espíritu de verdad + la Palabra de verdad = combustión interna

¿Cómo pueden ser compatibles inhalar (al creer) y exhalar (al hablar) un aliento fresco de fe? "Creer y por tanto hablar" es una forma en que mostramos externamente la pasión interna. Tomamos la pasión y la vida de lo que está sucediendo dentro de nosotros y lo mostramos externamente por medio del discurso. Por cierto, un discurso que no sea solo para ser oído, sino que también tenga el propósito final de lograr y conseguir la imagen del Creador. El ánimo, la instrucción, la exhortación, el consejo y sí, a veces incluso también alguna que otra reprobación conveniente son varias de las formas que puede lograr y conseguir la Palabra de Dios en nuestra lengua. Es cierto que tal Palabra en nuestra boca no siempre se muestra externamente recitando las Escrituras de forma exacta. A veces puede mostrarse por medio de una simple conversación sobre Dios. Isaías 50:4 ofrece un ejemplo maravilloso de nuestro precepto: "El SEÑOR Omnipotente me ha concedido tener una lengua instruida, para sostener con mi palabra al fatigado. Todas las mañanas me despierta, y también me despierta el oído".

¡Una lengua instruida tiene un poder tan positivo! ¿Cuántas personas fatigadas encontramos día tras día, a quienes le vendría bastante bien una palabra de aliento?

Quizá estés pensando "¿no son más poderosas las acciones que las palabras?" Indudablemente, también mostramos en lo exterior las obras internas del Espíritu por medio de la acción. Un discurso sin acción es hablar sin caminar. Pero en este capítulo yo estoy hablando de una práctica y un propósito diferentes: el poder específico que se libera cuando "creemos y por tanto hablamos". Si has participado plenamente en las prácticas de fe que te propuse al principio de nuestro viaje, ya has puesto en práctica un ejemplo perfecto de "creer y por tanto hablar". Cada vez que digas las cinco declaraciones de tu promesa de fe, estás hablando lo que crees.

A lo mejor te preguntas: "¿Siempre tenemos que decirlas en voz alta? ¿No basta con pensar las palabras?" ¡Por supuesto! Pero ¿no te has dado cuenta de que pareciera que las declaraciones adquieren más poder cuando las verbalizamos? Eso no es ninguna casualidad. Creadas a imagen de nuestro Dios omnipotente, nuestras palabras habladas son potentes. Si me permites la comparación, hablar lo que creemos —por ejemplo las cinco declaraciones de la promesa de fe— es como invitar a nuestras almas a una carrera de vitalidad. De alguna manera, las palabras vocalizadas pueden provocar más entusiasmo incluso de nosotros mismos a nosotros mismos.

No podemos hablar del poder de palabras, otorgado por Dios, sin mencionar específicamente la oración. Cada vez que le presentamos una petición a Dios, incluso si oramos en silencio, estamos usando palabras que contienen elementos de logro y consecución. Dios oye las palabras y lo que comunica nuestra mente con tanta claridad como los oídos humanos oyen nuestras palabras habladas.

"SEÑOR... aun a la distancia me lees el pensamiento... No me llega aún la palabra a la lengua cuando tú, SEÑOR, ya la sabes toda" (Sal. 139:1–2,4).

Yo por mi parte he visto que tengo más sensación de poder en la oración cuando "creo y por lo tanto hablo" en voz alta. Por favor, trata de entenderme. La diferencia reside en mí, no en Dios. Él oye y recibe peticiones de todo tipo que le son presentadas en el nombre de Jesús. Orar en voz alta y asumir oralmente mis derechos como hija, en cierto modo edifica mi fe y mi confianza en Dios y en la práctica de la oración. No sé cuál es tu caso, pero yo suelo pedir con más confianza en mis oraciones vocalizadas porque escucharlas con mis propios oídos muchas veces enciende mucho más mi corazón y mi mente.

Poco después de que Dios me llamara a este avivamiento de fe, leí Juan 15:7 con un nuevo enfoque, y me quedé sorprendida por la revelación. Si te resulta conocido, léelo como si no lo hubieras oído nunca: "Si permanecen en mí y mis palabras permanecen en ustedes, pidan lo que quieran, y se les concederá".

Tengo una noticia para quien no la sepa: se supone que deberíamos recibir muchas oraciones contestadas. Sí, he dicho muchas. Juan 15:7 es una parte importante de la teología cristiana, y se supone que debe ser una realidad cristiana. Me da la impresión de que gran parte del cuerpo de Cristo se siente igual que yo me sentí durante mucho tiempo. En una escala del uno al diez, basada en sentir la presencia de Dios y su aparente respuesta, yo podría haber puesto mi vida de oración en un lamentable dos. No me malinterpretes, yo oraba las típicas oraciones de "bendícenos y protégenos", pero mi forma de actuar habitual era orar por cosas que parecían que probablemente iban a salir bien fuera como fuera. ¿A alguien le resulta conocido esto? Entonces Dios comenzó a llamarme para sacarme de la incredulidad.

Mi vida de oración cambió y maduró gradualmente con el paso de los años, a medida que buscaba a Dios por medio de su Palabra, pero entonces sucedió algo espectacular, que de repente la impulsó hacia adelante. Odio tener que reconocerlo, pero fue porque un día, durante la oración, sentí como si francamente Dios estuviera aburrido de mi vida de oración. Tal y como ya lo expliqué en mi libro *Orando la Palabra de Dios,* sentí como si Él me dijera: "Hija mía, me crees por muy poco. No pidas siempre cosas de las que estés segura. ¿Quién tratas de que no parezca tonto? ¿Tú o yo?"[5] A veces decidía que era mejor no pedir ciertas cosas que arriesgarme a que me dijera que no. Mi razonamiento era que Dios es soberano, y que lo mejor era dejar que hiciera lo que quisiera. La verdad es que me aterraba pensar que Dios —o yo misma— me iba a decepcionar e iba a sacar a relucir mi poquísima fe. La pregunta que yo creo que me hizo el Espíritu Santo me produce convicción y escalofríos. Ese fue el Primer Día oficial de mi avivamiento personal de fe.

Según Juan 15:7, la clave de las oraciones contestadas es tener la misma mente de Cristo en todas las cosas por medio de sus palabras, que viven y actúan en nosotros. Cuanto más permanecen sus palabras en nuestra cabeza, más probable es que al pensar en ellas las usemos. Dudo de que muchos creyentes lleguen alguna vez al punto de conocer la mente de Cristo lo suficientemente bien como para orar de continuo peticiones que Él responda afirmativamente. Pero sí podemos madurar en nuestra vida de oración lo suficiente como para ver más respuestas afirmativas que las que tenemos ahora.

La clave de las oraciones contestadas es tener la misma mente de Cristo en todas las cosas por medio de sus palabras, que viven y actúan en nosotros.

Una de las formas más poderosas y evidentes de orar según "creí y por tanto hablé" es usar las Escrituras. Con frecuencia, yo hablo y aplico las Escrituras cuando vocalizo mis peticiones más serias. En esas ocasiones a veces siento una doble porción de poder y confianza, y por una buena razón. Como ya expliqué en *Orando la Palabra de Dios,* combinar la oración con las Escrituras es como atar dos cargas de dinamita. No he hallado ninguna herramienta tan poderosa especialmente para la guerra espiritual y para derribar fortalezas. A veces también uso las Escrituras en asuntos que exigen largos períodos de tiempo, como la salvación de un hermano que se resiste. A veces intercalo versículos en mis peticiones para lograr así también una intervención milagrosa. Cada situación de las que he nombrado representa ocasiones muy tentadoras para que disminuyan la fe, la energía, y la duración en la oración. Cuando uso las Escrituras, estoy poniendo la carga en la Palabra de Dios en vez de en mi habilidad para orar de forma correcta o adecuada. Recuerda esto: como viene de la mismísima divina boca de Dios, su Palabra tiene energía y poder en sí. Yo le dejo hacer el trabajo.

Antes de terminar este capítulo, veamos otro ejemplo de "creí y por tanto hablé". ¿Te acuerdas de cuando Cristo les dijo a sus discípulos que si tuvieran fe tan pequeña como un grano de mostaza, podrían decirle a una montaña: "Trasládate de aquí para allá", y se trasladaría? Las siguientes palabras que salieron de la boca de Cristo fueron: "Para ustedes nada será imposible" (Mat. 17:20). Cristo no les dijo a sus discípulos que solo "pensaran" con una autoridad llena de fe, ni tampoco les dijo que realizaran ciertas demostraciones físicas. Les dijo claramente que tuvieran fe y que podrían "decirle a esta montaña". Dicho con otras palabras, creo que podríamos decir que Cristo les enseñó a sus discípulos a "creer y por tanto hablar".

Creo que nosotros también podríamos hablarles a ciertas montañas en momentos adecuados, y se moverían. Si esto te pone nervioso, te aseguro que yo también he visto el mal uso y el abuso de conceptos como éste por medio de prácticas que incluyen gritos molestos y reprensiones (como si cuanto más alto, mejor), además de clamar y llamar de forma presuntuosa. Lo que yo pido es que no dejemos de lado el uso por causa del abuso. La idea de Dios asignándoles o confiándoles a sus hijos autoridad limitada bajo la suya propia, es constante desde Génesis hasta Apocalipsis. En vez de optar por lo seguro, podríamos afrontar la dificultad de aprender y ejercitar el uso apropiado de la autoridad bíblica. Si no tenemos mucha formación, nos intimidamos, o perdemos el interés fácilmente, lo único que tiene que hacer Satanás es avivar la llama del abuso en varios lugares del cuerpo de Cristo, y el resto perderá el derecho al ejercicio apropiado. Satanás tiene mucho que ganar al apartarnos de las prácticas de fe.

Caminamos en una fe en la que Él nos invita según nuestro conocimiento activo de su Palabra y en una vida de oración equilibrada.

"Creer y por tanto hablar" es un ejemplo de ejercer una dimensión de autoridad bíblica solamente bajo la soberanía de Dios y su Palabra. Si de verdad creemos según la sana aplicación de las Escrituras que Dios nos extiende su autoridad como a sus hijos sobre un asunto concreto, nos sorprendería muchísimo aquello a que podríamos decir "¡Muévete!" y lo haría. A veces he tratado de decirles a varias montañas que se movieran (casi siempre en privado) y para sorpresa de esta mujer, ¡algunas montañas lo han hecho! Las "montañas" las hay de todo tipo. A veces le digo a algún conflicto ridículo que agota mi tiempo que se resuelva. Otras veces se alza de repente un enorme obstáculo en mi camino o en el de mis seres queridos, y tengo justo el valor suficiente de decirle que se mueva.

He estado bajo la amenaza de incontables retrasos que podrían haberme impedido cumplir alguna obligación, y a veces les hablo como a una montaña y les digo que se quiten de mi camino. Viviendo en Houston, he tenido muchas oportunidades de decirle al tráfico que se mueva, y muy de vez en cuando parece que el mar Rojo se ha partido delante de mí. Me he divertido bastante aprendiendo a ejercitar mi fe, debilucha y torpe, y verla crecer un poco. Y no me importa decirte que creo que Él también se ha partido de risa a mi costa. No dudo de que se haya reído en voz alta con algunos de mis intentos de decirle a ciertas montañas: "¡Muévete!"

¿Estoy sugiriendo acaso que siempre le tengamos que decir a nuestros obstáculos que se muevan en vez de pedirle a nuestro Padre celestial que los mueva Él? ¡En absoluto! En primer lugar, todo resultado sobrenatural de prácticas bíblicas viene solamente de Dios. Si una montaña se mueve, la movió Dios. Lo que hace es invitarnos a unirnos a Él al permitirnos exhalar un poderoso aliento del Espíritu. Tener fe para decirle a una montaña que se mueva, y pedirle a Dios que mueva la montaña no son conceptos opuestos. Al igual que muchas prácticas bíblicas, no sustituimos el uno con el otro. Lo que buscamos es ser guiados por el Espíritu Santo y discernir cuándo llevar a cabo ciertas prácticas. Dios es el único que debe iniciar las cuestiones de fe (Heb. 12:2). Caminamos en una fe en la que Él nos invita según nuestro conocimiento activo de su Palabra y en una vida de oración equilibrada. El mismo Jesús que les dijo a sus discípulos que podían "decirle a esta montaña: Trasládate de aquí para allá'", también les enseñó a pedir en oración todo lo que necesitaban o deseaban (Juan 15:7). El común denominador es que ambas prácticas son formas en que "creemos y por tanto hablamos".

Quiero que tú busques a Dios por ti mismo en esta cuestión y en todas las otras que te presentaré, pero te voy a explicar cuál suele ser mi forma de tratar con montañas. Si estoy caminando con Dios y buscando la llenura de su Espíritu, suelo actuar según lo que Romanos 12:3 llama "la medida de fe que Dios [me] haya dado" en toda situación que se presente. A veces cuando me enfrento a una montaña, mi fe presente y activa me impulsa a oraciones de fe. A lo mejor digo: "Señor, creo que me has llamado a hacer algo concreto o a alcanzar a una persona concreta, pero se ha levantado un obstáculo en mi camino. Como creo que tu voluntad es que yo logre algo al otro lado de esta montaña, creo que tú la trasladarás, en el nombre de Cristo. Amén". Otras veces y por razones que no siempre puedo explicar, de repente me siento tan llena de fe en Dios y tan llena del Espíritu como para decirle a esa montaña: "¡Muévete! Y muchas veces lo hace. Sonrío con placer en Dios cuando pienso en ello.

¿Te ofendería si te dijera que yo no solo creo que Dios es increíble, maravilloso y fiel, sino también divertido? De hecho, opino que quienes sacan la fe de la vida espiritual han sacado la diversión de la vida. Pueden jugar sobre seguro si quieren, pero a mí me gustar vivir la vida como una aventura con Dios. He puesto todas mis esperanzas y toda mi fe en Él. No tengo absolutamente nada más de lo que asirme. Confío en Dios y su Palabra con todo mi aliento y con cada gota de energía que tengo. Si Él me falla, he hecho el ridículo. Pero no me preocupa pensar que me vaya a fallar. No, no siempre he obtenido lo que he pedido, ni tampoco se han movido todas las montaña. Te voy a explicar lo que he aprendido cuando una montaña no se mueve. Me baso en el contexto de la orden original en Mateo 17.

En el versículo 20 Jesús dijo: "Si tienen fe tan pequeña como un grano de mostaza, podrán decirle a esta montaña: 'Trasládate de aquí para allá' y se trasladará. Para ustedes nada será imposible". Date cuenta de que Cristo no generalizó su ejemplo con "cualquier" montaña. Dijo específicamente "esta" montaña. ¿A qué montaña se refería? Si miras el contexto, Jesús y tres de sus discípulos acababan de bajar de la montaña, donde Él se había transfigurado ante ellos.

Cuando Jesús dijo específicamente: "podrán decirle a *esta* montaña" (énfasis agregado), creo que estaba señalando la misma montaña.

Ahí lo tienen. Amado amigo, si le pides a Dios que mueva una montaña y Él no lo hace, o si tienes suficiente fe como para decirle a la montaña que se mueva, y no lo hace, será entonces que Cristo quiere que en vez de eso la escales y lo veas a Él transfigurado. Sea como sea, la montaña está bajo tus pies.

"El que confíe en él no será defraudado" (Rom. 9:33).

"Con la lengua bendecimos a nuestro Señor y Padre, y con ella maldecimos a las personas, creadas a imagen de Dios. De una misma boca salen bendición y maldición. Hermanos míos, esto no debe ser así."

Santiago 3:9-10

Capítulo 11

Creerle a Dios: Él puede santificar tu boca

Una parte fundamental de aprender a caminar en fe en nuestro viaje hacia y por la Tierra Prometida es aprender el lenguaje de la fe. Un simple vistazo al libro de Números nos ofrece toda la evidencia que necesitamos para considerar el impacto de un lenguaje falto de fe en nuestro camino hacia Canaán. El siguiente relato registra el regreso de los espías israelitas que habían sido enviados a explorar la tierra que Dios le había prometido a su pueblo.

> Volvieron a Cades, en el desierto de Parán, que era donde estaban Moisés, Aarón y toda la comunidad israelita, y les presentaron a todos ellos un informe, y les mostraron los frutos de esa tierra. Éste fue el informe:
>
> —Fuimos al país al que nos enviaste, ¡y por cierto que allí abundan la leche y la miel! Aquí pueden ver sus frutos. Pero el pueblo que allí habita es poderoso, y sus ciudades

son enormes y están fortificadas. Hasta vimos anaquitas allí. Los amalecitas habitan el Néguev; los hititas, jebuseos y amorreos viven en la montaña, y los cananeos ocupan la zona costera y la ribera del río Jordán.

Caleb hizo callar al pueblo ante Moisés, y dijo:

—Subamos a conquistar esa tierra. Estoy seguro de que podremos hacerlo. [¡Parece que fuera la cuarta declaración!]

Pero los que habían ido con él respondieron:

—No podremos combatir contra esa gente. ¡Son más fuertes que nosotros!

Y comenzaron a esparcir entre los israelitas falsos rumores acerca de la tierra que habían explorado. Decían:

—La tierra que hemos explorado se traga a sus habitantes, y los hombres que allí vimos son enormes... Comparados con ellos, parecíamos langostas, y así nos veían ellos a nosotros. [Parece que deberían haber recitado la tercera declaración.]

Aquella noche toda la comunidad israelita se puso a gritar y a llorar. En sus murmuraciones contra Moisés y Aarón, la comunidad decía: "¡Cómo quisiéramos haber muerto en Egipto! ¡Más nos valdría morir en este desierto! ¿Para qué nos ha traído el Señor a esta tierra? ¿Para morir atravesados por la espada [¿Alguien se acuerda de la segunda declaración?], y que nuestras esposas y nuestros niños se conviertan en botín de guerra? ¿No sería mejor que volviéramos a Egipto?" (Núm. 13:26–14:3).

¡Date cuenta del poder de las palabras! No fue solo que los falsos rumores de unos cuantos se convirtieran en el murmullo de las masas, sino que a su vez, esos murmullos llevaron a imaginaciones vanas. En cuanto esas palabras sin fe les rondaron un poco la mente, los hombres ya se veían muertos por la espada y a sus esposas y e hijos como botín de guerra. Es cierto que nuestras mentes alimentan nuestras bocas, pero no te equivoques. Nuestras bocas también alimentan nuestras mentes. Podemos llevarnos a nosotros mismos no solo a la incredulidad, sino también a todo tipo de imaginaciones vanas. No pierdas de vista que esta misma gente había sido testigo de evidencias no pequeñas de que...

Dios es quien Él dice ser.
Dios puede hacer lo que Él dice que puede hacer.

Para todos menos para Josué y Caleb, Dios podía haber sido capaz de...

- enviar diez plagas,
- librarlos de los egipcios (nada menos que con botín),
- dividir en dos el mar Rojo,
- ahogar después allí a Faraón y a su ejército,
- guiarlos por el día con una nube, y con fuego por la noche,
- y alimentarlos con maná del cielo.

Pero no podía hacer nada contra esos molestos cananeos.

No es de extrañar que Moisés y Aarón se horrorizaran tanto por el rápido fuego de la falta de fe, que llegaron a caer "rostro en tierra ante toda la comunidad israelita" (Núm. 14:5).

Si tú y yo queremos habitar y prosperar en nuestra Tierra Prometida, tendremos que deshacernos de informaciones falsas, palabras sin fe y murmuraciones negativas.

Más avanzado el capítulo, Moisés le suplica a Dios que perdone los pecados del pueblo "por [su] gran amor" (Núm. 14:19). La respuesta divina hace que se me ponga la carne de gallina: "Me pides que los perdone, y los perdono. Pero juro por mí mismo y por mi gloria que llena toda la tierra, que aunque vieron mi gloria y las maravillas que hice en Egipto y en el desierto, ninguno de los que me desobedecieron y me pusieron a prueba repetidas veces verá jamás la tierra que, bajo juramento, prometí dar a sus padres" (Núm. 14:20–23).

Si tú y yo queremos habitar y prosperar en nuestra Tierra Prometida, tendremos que deshacernos de informaciones falsas, palabras sin fe y murmuraciones negativas. En el capítulo anterior aprendimos que las palabras ejercen poder. Mientras que las palabras de Dios son omnipotentes, nuestras palabras son potentes porque Él nos creó a su imagen. Con nuestras palabras podemos destruir y con nuestras palabras podemos construir. Podemos pronunciar palabras que den vida, o podemos pronunciar palabras que maten. Podemos animar o desanimar. La cuestión no es si nuestras palabras afectan o no. La cuestión es cómo lo hacen. Incluso si eres una persona callada no dejas de comunicar con frecuencia por medio de palabras, y con esa misma frecuencia por medio de palabras que afectan a otros.

Tú y yo debemos funcionar con toda la válvula de poder que Dios desea darnos. Una porción importante de ese poder incluye nuestra boca. Idealmente, nuestra fe se puede convertir en voz, y nuestra voz se puede convertir en la clase adecuada de poder si estamos actuando en la voluntad de Dios. No tienes más que pensar en las muchas actividades que involucra la boca y en cómo nuestro discurso, bajo control de Dios, puede afectar eternamente las situaciones de la vida diaria.

No todas las conversaciones tienen que ser claramente espirituales para que Dios haga que afecten de forma positiva. A veces Dios nos concede su favor con personas a las que les impresionamos o afectamos porque Dios les dio poder a nuestras palabras aun cuando el receptor no podía distinguir la diferencia. Llevo varios meses conversando con una hermosa mujer de la India, una musulmana que trabaja en una tintorería de mi barrio. Justo el otro día se inclinó sobre el mostrador con una amabilidad que me sorprendió, y preguntó: "Sra. Moore, ¿a qué se dedica usted?" Le dije que tiempo atrás yo había sido una persona con muchos problemas, y que Cristo había cambiado mi vida. Le dije que Él me había enseñado a vivir victoriosamente estudiando la Biblia, y que escribo libros y doy conferencias con la esperanza de alentar a otros a encontrar vida en Él también. Disfruté mucho al ver que le impresionó lo que dije. Creo que no fue indiferente porque el momento fue el adecuado.

Dios llevaba meses poniendo los cimientos de una conversación espiritual. Él dejó intrigada a esta preciosa mujer por medio de una sencilla conversación trivial, y me dio su gracia y su favor para con ella. Estoy impaciente por ver qué pasa. Tú también tienes incontables ocasiones para que Dios cambie lo que parece ser una cháchara sin sentido en una expresión que afecte poderosamente. Fíjate en cada una de las siguientes situaciones y considéralas oportunidades, y piensa luego en la diferencia que podría hacer la intervención de Dios:

- animar por teléfono a un amigo o a un compañero de trabajo en la oficina
- manejar una situación (¡o persona!) difícil en el trabajo
- resolver un conflicto
- explicar una decisión o un concepto difícil
- hacer una presentación en clase o en el trabajo
- orar por alguien
- pronunciar una bendición sobre alguien
- dar clase
- aconsejar a alguien
- comunicarte con tu cónyuge
- enseñar a tus hijos
- hablar y conversar con tus hijos
- dar tu testimonio
- ser mentor/a de alguien
- charlar con alguien de otra generación
- charlar con alguien de una cultura totalmente distinta

- charlar con alguien que no conoce a Cristo
- testificarle a alguien sobre la fe en Cristo
- predicar
- invitar a alguien a aceptar a Cristo como Salvador
- alabar y adorar a Dios

La comunicación es la esencia de las relaciones interpersonales, y las palabras son los medios más claros. Imagínate lo que podría pasar si permitiéramos que Dios asumiera autoridad sobre nuestra boca y nos infundiera su poder en nuestras palabras. Piensa en el impacto tan positivo que podríamos tener en nuestras circunstancias, nuestros cónyuges, nuestros hijos, nuestros vecinos, nuestros compañeros de trabajo, nuestros amigos, y aquellos a quienes servimos.

Las Escrituras nos dicen que si las palabras de Cristo habitan en nosotros, el Espíritu Santo traerá con frecuencia resultados poderosos cuando oramos y decimos lo que creemos. Dios puede producir dichos resultados de forma diferente y en momentos diferentes a los que nos imaginamos, pero su Palabra dice que su poder está en acción cuando oramos o hablamos en su nombre con fe. Si activamente tratamos de hacer lo que Dios dice que podemos hacer, y constantemente no obtenemos los resultados que la Palabra de Dios dice que podemos esperar, hemos de tener la sabiduría de considerar posibles obstáculos. Si oramos con frecuencia y "creemos y por tanto hablamos", pero nuestras palabras siguen produciendo poco fruto, quizá el estorbo podría ser una lengua no santificada. Dentro de un momento entenderás a qué me refiero.

Al pensar en este potencial poder de obstrucción, recuerda, por favor, que nuestro objetivo es identificar y eliminar obstáculos que nos impiden practicar la voz poderosa que la Palabra de Dios nos dice que podemos tener. El objetivo no es sentir culpa ni sentirnos fracasados. Cada vez que seamos confrontados por alguna verdad dura, los propósitos de Dios siempre son redentores. En el capítulo anterior cité varios pasajes de Santiago 3 concernientes a la lengua. Veamos otro ahora:

"Con la lengua bendecimos a nuestro Señor y Padre, y con ella maldecimos a las personas, creadas a imagen de Dios. De una misma boca salen bendición y maldición. Hermanos míos, esto no debe ser así. ¿Puede acaso brotar de una misma fuente agua dulce y agua salada?" (Sant. 3:9–11).

Cuando creemos y por eso hablamos, el Espíritu Santo puede usar nuestra lengua como instrumento de poder sobrenatural y producir resultados sorprendentes, ya sea inmediatamente o a largo plazo.

Cuando Cristo les dio poder a sus discípulos para hablar con su autoridad y obtener ciertos resultados, consideró que la lengua era un instrumento. El músculo en sí no tiene poder sobrenatural, pero el Espíritu Santo infunde poder por medio del instrumento. Del mismo modo, cuando *creemos y por eso hablamos* (2 Cor. 4:13), el Espíritu

Santo puede usar nuestra lengua como instrumento de poder sobrenatural y producir resultados sorprendentes, ya sea inmediatamente o a largo plazo. Sin embargo, no es probable que Dios le infunda poder regularmente a un instrumento que también se usa para objetivos contrarios. Dicho con otras palabras, el mal uso del instrumento puede estorbar dramáticamente su efectividad con el buen uso.

Tú y yo queremos ser personas a las que Dios les pueda confiar una voz poderosa espiritualmente. Dejemos que el Espíritu Santo nos advierta de ciertos malos usos de la lengua que pueden difuminar grandemente su efectividad espiritual:

- chisme
- mentira
- blasfemia y lenguaje sucio
- perversidad
- rudeza, falta de amabilidad o de respeto
- críticas
- secretos develados
- espíritu negativo y de queja
- humor humillante o de mal gusto, que incluye chistes de mal gusto
- mal uso del nombre de Dios

Los costos del mal uso del nombre de Dios son probablemente incalculables. No me refiero solo a tomar en vano el nombre de Dios, sino también a usarlo demasiado libremente, o de manera inapropiada o muy informal. Ya nos podemos imaginar lo reacio que podría ser

Dios a responder nuestras oraciones o declaraciones dichas en su nombre si tenemos la tendencia al mal uso de ese mismo nombre.

Querido amigo, por muy rebelde que sea la lengua o muy habitual nuestro problema, Dios puede santificarlos y hacer de ellos una vasija de honor y poder. En esta próxima declaración me gustaría poder subir el volumen, así que te voy a pedir que lo oigas bien: no hay ningún pecado, por muy agradable, reconfortante o habitual que sea de momento, digno de que nos perdamos lo que Dios tiene para nosotros. El pecado puede costarnos sin ninguna duda nuestro destino terrenal. Sí, incluso los pecados de nuestras bocas. Recuerda que Lucas 6:45 dice: "porque de lo que abunda en el corazón habla la boca". Una lengua rebelde es síntoma de un corazón rebelde.

En diversas ocasiones y de diversas formas todos nosotros hemos bendecido en un instante y maldecido al siguiente. Y de la misma forma, todos nos hemos sentido tentados a hablar de una forma en nuestras relaciones espirituales, y de otra en nuestras relaciones mundanas. Puede que la falta de constancia sea normal, pero también es bastante costosa. Con más frecuencia de lo que pensamos, pagamos el precio con falta de poder. Para un cambio permanente hace falta oración y decisión porque los malos hábitos no se rompen fácilmente. Pero los beneficios son enormes. La dependencia diaria de Dios desarrolla una intimidad sin par, y una boca limpia destapa una importante cañería de poder divino. Y lo que es más, vivir con menos pesares por palabras pronunciadas precipitadamente ¡es verdadera libertad! Imagínate la libertad de no tener que preocuparte de que alguien descubra que revelamos un secreto o que hablamos mal a sus espaldas. El camino de Dios siempre es el camino de la libertad.

No hay ningún pecado, por muy agradable, reconfortante o habitual que sea de momento, digno de que nos perdamos lo que Dios tiene para nosotros.

El potencial de la lengua para causar estragos es asombroso, pero también lo es su potencial para cosechar cosas celestiales aquí sobre la tierra. Podemos tener la seguridad de que tanto Dios como Satanás están compitiendo por tener la autoridad en nuestra boca. La mayor amenaza para el enemigo es un creyente con la palabra de Dios viva y activa en su lengua, aplicada rápidamente a toda situación. Si no hay ninguna otra parte del cuerpo más difícil de someterse a la autoridad divina que la lengua (Sant. 3:2), ¿qué otra cosa podría tener más poder para cosechar beneficios que una boca controlada por Él? Conozco un lugar maravilloso al que podríamos ir para consagrarle nuestras bocas a Dios. Acompáñame a la gloriosa escena descrita en Isaías 6:1–8.

> El año de la muerte del rey Uzías, vi al Señor excelso y sublime, sentado en un trono; las orlas de su manto llenaban el templo. Por encima de él había serafines, cada uno de los cuales tenía seis alas: con dos de ellas se cubrían el rostro, con dos se cubrían los pies, y con dos volaban. Y se decían el uno al otro:

"Santo, santo, santo es el SEÑOR Todopoderoso;
toda la tierra está llena de su gloria".

Al sonido de sus voces, se estremecieron los umbrales de las puertas y el templo se llenó de humo. Entonces grité: "¡Ay de mí, que estoy perdido! Soy un hombre de labios impuros y vivo en medio de un pueblo de labios blasfemos, ¡y no obstante mis ojos han visto al Rey, al SEÑOR Todopoderoso!".

En ese momento voló hacia mí uno de los serafines. Traía en la mano una brasa que, con unas tenazas, había tomado del altar. Con ella me tocó los labios y me dijo:

"Mira, esto ha tocado tus labios; tu maldad ha sido borrada, y tu pecado, perdonado".

Entonces oí la voz del Señor que decía: —¿A quién enviaré? ¿Quién irá por nosotros?

Y respondí:

—Aquí estoy. ¡Envíame a mí!

Por muy sofisticados que pensemos que somos, tenemos más en común con el antiguo profeta Isaías de lo que nos gustaría reconocer. A menos que tú seas totalmente diferente, tu lengua —al igual que la mía— ha sido mal empleada infinidad de veces. Y por si nuestras propias tendencias no fueran lo suficientemente malas, también vivimos entre un pueblo de labios impuros. Muchos de nosotros vivimos o trabajamos en ambientes donde las habladurías a espaldas de alguien, los chismes, las mentiras, el lenguaje sucio y los chistes y los comentarios de mal gusto se dan de forma generalizada. Al igual que a Isaías, Dios quiere enviarnos a ti y a mí a nuestros respctivos mundos en su nombre. El instrumento que puede usar con mayor potencial en cada una de nuestras vidas es la lengua. No, no todos somos llamados a hablar en público, enseñar o predicar, pero sí somos todos llamados a usar nuestras bocas para glorificar su nombre.

Recuerda una vez más cuántos mandatos de Cristo en el Nuevo Testamento tienen que ver con la lengua. Se nos ha llamado a compartir las buenas nuevas de Jesús con los perdidos y a dar nuestro testimonio cada vez que tengamos oportunidad de hablarle a otra persona de nuestra esperanza. Se nos ha llamado a orar. Sí, *podemos orar en silencio* y *lo hacemos,* pero no es ninguna casualidad que algunas de nuestras oraciones más explosivas y poderosas sean en voz alta. Se nos ha llamado a discipular a otros, enseñando la Palabra de Dios y sus caminos. Se nos ha llamado a animar al débil y al desesperado. *Y,* amados amigos, también se nos ha llamado a hablarles a algunas montañas y decirles: "¡Muévete!"

Una lengua rebelde es síntoma de un corazón rebelde.

Hay demasiado poder en juego como para seguir cultivando una boca inconstante y no consagrada. El desafío que constituye una lengua domada es tan grande que tenemos que tener la sabiduría de dedicarle atención diaria en la oración, pero yo le pido a Dios que realice hoy una obra poderosa y memorable. Por medio de la oración y de la Palabra de Dios, vayamos al trono de la gracia, igual que hizo Isaías. Vuelve a considerar el pasaje de Isaías 6.

En la asombrosa escena de la visión de Isaías lo más importante es el altar del que fue tomada la brasa. La palabra original para *altar* en este segmento viene de una palabra hebrea traducida por *sacrificio.* Entre el antiguo pueblo había varias clases de altares. El altar del incienso también estaba en el templo, pero creo que las brasas de esta visión solo pudieron ser tomadas del altar del sacrificio. ¿Por qué? Porque el carbón, por muy consumido por el fuego que esté, no tiene poder para quitar ni expiar el pecado. Estoy convencida de que el poder otorgado por Dios para que las brasas purgaran y repararan provenía de la sangre del sacrificio presentado en el altar. La Palabra de Dios nunca se aparta del concepto de que toda remisión de pecados proviene del derramamiento de sangre en sacrificio (Heb. 9:22).

Jesucristo llenó de gracia la tierra llena de pecado para ofrecerse Él mismo como el sacrificio perfecto y para cumplir todos los requisitos de la ley de una vez por todas. Derramó su preciosa sangre en un altar hecho de dos trozos de madera con forma de cruz. El fuego del santo juicio se juntó con la sangre del Cordero sin mancha, y nuestra culpa fue purgada y nuestros pecados expiados y redimidos. ¡Gloria a su nombre! Ya no necesitamos más actos reparadores, pero sí necesitamos desesperadamente la obra continua de la santificación.

Hoy día tú y yo estamos ante el mismo trono al que se acercó el profeta Isaías en su gloriosa visión. Dios es igual de santo. Igual de excelso y elevado. Sus vestiduras siguen llenando el templo, y los serafines siguen clamando "¡Santo!" Pero el autor de Hebreos 4:15–16 nos dice que como tenemos a Jesús como gran sumo sacerdote, nos podemos acercar con valentía al trono de la *gracia.* La misma gracia que salva también santifica, y no nos vendría nada mal una obra nueva de consagración, ¿verdad? De una u otra forma, también nosotros somos un pueblo de labios impuros, e indudablemente vivimos en medio de un pueblo de labios impuros. ¡Dios desea usar nuestras bocas! Pero nos está llamando a una nueva consagración y a una disposición a alejarnos del mal uso de la lengua. Hoy puede ser ese día. Permanece con Él en el altar. Realiza tu confesión y petición.

No tenemos por qué hundir la cabeza entre las manos y mendigar. Lo único que tenemos que hacer es levantar el rostro y pedir. Ojalá que Jesús vuelva a tocar nuestros labios con brasas del altar e inflame nuestras lengua con su santo fuego.

“¿Por qué están estas piedras aquí?”

Josué 4:6

Capítulo 12

Creerle a Dios: Él te fue fiel en el pasado

Desde el principio de este libro tú y yo hemos estado hablando sobre nuestra Tierra Prometida. Comenzamos nuestro viaje a orillas del Jordán, viendo en la distancia nuestra Canaán, la tierra a la que hemos sido llamados a caminar por fe y en la que cumplir nuestro destino divino. Nuestra tierra de la promesa es el lugar en que habitamos de forma activa y presente creyéndole a Dios. Es una tierra buena. Una tierra de cosecha. A lo largo de los capítulos de este libro y de las prácticas de fe prescritas, mi oración es que tú y yo hayamos atravesado el lecho seco del Jordán con las aguas levantadas a ambos lados.

En este capítulo me gustaría reunirme contigo en medio del lecho del río para tomar varias piedras y levantarlas como monumentos conmemorativos. El punto medio de todo viaje que constituye un reto puede ser el punto más crítico. Quizá muchos de nosotros no estemos donde estábamos antes, pero tampoco en el lugar al que queremos ir. Quizá hayamos dejado atrás la terrible esclavitud de Egipto, pero la tierra de la promesa parece sumamente remota. Cuanto más tiempo deambulemos por el desierto, mayor es la posibilidad de que volvamos al cautiverio. La influencia de las comodidades y los hábitos cotidianos puede pesar sobremanera, sobre todo contra la incertidumbre de lo desconocido que hay en Canaán. Tú y yo quizá necesitamos un poquito de motivación extra para seguir adelante. De forma apropiada encontraremos esa motivación incrustada como una roca sólida justo en medio del Jordán. Imagínate la escena a medida que lees Josué 4:1–18:

> Cuando todo el pueblo terminó de cruzar el río Jordán, el SEÑOR le dijo a Josué: "Elijan un hombre de cada una de las doce tribus de Israel, y ordénenles que tomen doce piedras del cauce, exactamente del lugar donde los sacerdotes permanecieron de pie. Díganles que las coloquen en el lugar donde hoy pasarán la noche".
>
> Entonces Josué reunió a los doce hombres que había escogido de las doce tribus, y les dijo: "Vayan al centro del cauce del río, hasta donde está el arca del SEÑOR su Dios, y cada uno cargue al hombro una piedra. Serán doce piedras, una por cada tribu de Israel, y servirán como señal entre ustedes. En el futuro, cuando sus hijos les pregunten: '¿Por qué están estas piedras aquí?', ustedes les responderán: 'El día en que el arca del pacto del SEÑOR cruzó el Jordán, las aguas del río se dividieron frente a ella. Para nosotros los

israelitas, estas piedras que están aquí son un recuerdo permanente de aquella gran hazaña´".

Los israelitas hicieron lo que Josué les ordenó, según las instrucciones del SEÑOR. Tomaron las piedras del cauce del Jordán, conforme al número de las tribus, las llevaron hasta el campamento y las colocaron allí. Además, Josué colocó doce piedras en el cauce del río donde se detuvieron los sacerdotes que llevaban el arca del pacto. Esas piedras siguen allí hasta el día de hoy.

Los sacerdotes que llevaban el arca permanecieron en medio del cauce hasta que los israelitas hicieron todo lo que el SEÑOR le había ordenado a Josué. Todo se hizo según las instrucciones que Josué había recibido de Moisés. El pueblo se apresuró a cruzar el río, y cuando todos lo habían hecho, el arca del SEÑOR y los sacerdotes cruzaron también en presencia del pueblo. Acompañaban al pueblo los guerreros de las tribus de Rubén, Gad, y la media tribu de Manasés, según las órdenes que había dado Moisés. Unos cuarenta mil guerreros armados desfilaron en presencia del SEÑOR y se dirigieron a la planicie de Jericó listos para la guerra.

Aquel mismo día, el SEÑOR engrandeció a Josué ante todo Israel. El pueblo admiró a Josué todos los días de su vida, como lo había hecho con Moisés.

Luego el SEÑOR le dijo a Josué: "Ordénales a los sacerdotes portadores del arca del pacto que salgan del Jordán".

> Josué les ordenó a los sacerdotes que salieran, y así lo hicieron, portando el arca del pacto. Tan pronto como sus pies tocaron tierra firme, las aguas del río regresaron a su lugar y se desbordaron como de costumbre.

¿Te imaginas el rugido de las aguas al cerrarse cuando los últimos hijos de Israel salieron del Jordán? Josué 4:10 nos dice que "el pueblo se apresuró". ¡Con una pared de agua suspendida a cada lado! Seguramente Dios tiene todas esas escenas en vídeo en el cielo para nosotros, y por fin tendremos los efectos sonoros junto con el guión. Hasta entonces, usa tu imaginación en escenas dramáticas como esta. Alguna que otra vez un amigo me gasta bromas, diciéndome que soy la reina de las dramatizaciones. No lo niego, pero tampoco me importa decir que Dios es el rey de la dramatización por excelencia. No tenía por qué haber hecho las escenas bíblicas tan emocionantes. Podría haber logrado su voluntad con algo metódico y forzoso. Me atrevo a sugerir que el mismo Dios disfruta con lo dramático. Todo lo relativo a la aventura de la Tierra Prometida de los israelitas era electrizante aunque fuera aterrador. Es probable que en tu caso haya ocurrido algo parecido. Los caminos de Dios hacia la promesa jamás son aburridos.

Todas las órdenes de Dios sirven a un gran propósito, aun cuando luchamos por discernirlo. Sin embargo, Él no dejó lugar a dudas de por qué los israelitas tenían que tomar doce piedras de en medio del río Jordán. Josué 4:7 lo explica: "Estas piedras que están aquí son un recuerdo permanente de aquella gran hazaña". Dicho con otras palabras, Dios y los hijos de Israel estaban a punto de compartir una experiencia que Él quería que no olvidaran nunca.

Una motivación poderosa para creerle a Dios en nuestro presente es recordar intencionadamente cómo ha obrado en nuestro pasado.

Muy de vez en cuando, cuando estamos a punto de pasar por algo nuevo e incluso inquietante, les digo a mis hijas: "Estamos a punto de levantar un monumento conmemorativo". Por ser tan romántica, me encanta levantar monumentos. En las paredes de mi mente hay por lo menos cien escenas, en tecnicolor, como si fueran murales. A través de la memoria sigo "viendo" exactamente cómo era Amanda cuando compartimos nuestro primer momento a solas en mi habitación del hospital. También atesoro la indeleble escena en que Melissa fue presentada ante nuestra iglesia después de dedicarse al ministerio. Y mientras viva, también me imaginaré a Keith con una escopeta humeante en una mano y una serpiente de cascabel muerta a mis pies. Hay momentos dignos de recibir un monumento conmemorativo. En realidad, incluso las situaciones difíciles o desafiantes me resultan más agradables si sé que algo memorable va a resultar de ellas.

Cuando el pueblo de Israel se quedó parado junto a la orilla del río, estaban a punto de hacer un monumento conmemorativo con Dios. Y Él, al mirar la escena de las aguas partidas y las promesas cumplidas, me pregunto si de repente iluminó cierto mural pintado en las paredes de su mente. Dios les prescribió a los israelitas una respuesta sumamente concreta cuando sus hijos y descendientes les hicieran la pregunta "¿Qué significan estas piedras?"

"... ustedes les responderán: 'El día en que el arca del pacto del SEÑOR cruzó el Jordán, las aguas del río se dividieron frente a ella. Para nosotros los israelitas, estas piedras que están aquí son un recuerdo permanente de aquella gran hazaña'".

La transliteración hebrea de "dividirse" es *karat,* que significa "cortar, dividir; hacer un pacto".[6] El término se podía usar para todo tipo de división, pero puede representar mucho más cuando se le pone en el contexto del pacto. Si supiéramos hebreo veríamos con cuánta frecuencia el Antiguo Testamento menciona que Dios no solo hace un pacto, sino que "corta un pacto." El enlace más obvio es que Dios representaba con frecuencia los términos del pacto por medio de un sacrificio. La primera vez que Dios llegó a dictar perímetros de la Tierra Prometida en las Escrituras es en el perfecto contexto de un pacto. En Génesis 15, el Señor le ordenó a Abram que le llevara una ternera, una cabra y un carnero y "los partió por la mitad, y puso una mitad enfrente de la otra". Después hizo caer a Abram en un profundo sueño y profetizó los cuatrocientos años de cautiverio en Egipto. Considera con atención Génesis 15:17–21.

"Cuando el sol se puso y cayó la noche, aparecieron una hornilla humeante y una antorcha encendida, las cuales pasaban entre los animales descuartizados. En aquel día el SEÑOR hizo [*karat*] un pacto con Abram. Le dijo: 'A tus descendientes les daré esta tierra, desde el río de

Egipto hasta el gran río, el Éufrates. Me refiero a la tierra de los quenitas, los quenizitas, los cadmoneos, los hititas, los ferezeos, los refaítas, los amorreos, los cananeos, los gergeseos y los jebuseos'".

Las profecías de Dios se cumplirían para los israelitas mucho más tarde, después de 400 años de cautiverio en Egipto, seguidos de una gran liberación. A medida que se suceden los acontecimientos del libro de Josué podemos estar seguros de que los ojos de El Roi (el Dios que ve) estaban fijos en el cumplimiento de sus promesas al pueblo escogido. Josué 4:7 nos dice que "las aguas del río se dividieron [*karat,* "dividir; hacer un pacto"] frente a ella [el arca del pacto del Señor]". Las Escrituras especifican que cuando "cruzó el Jordán, las aguas del río se dividieron [*karat*] frente a ella". "Ella" se refiere al arca del pacto, también llamada "el arca de Dios, sobre la que se invoca su nombre, el nombre del SEÑOR Todopoderoso que reina entre los querubines" (2 Sam. 6:2).

En cuanto al paso del río Jordán, Dios había dicho en Deuteronomio 31:3, "El SEÑOR su Dios marchará al frente de ustedes". En la escena descrita en Josué 4, me pregunto si quizá las aguas se dividieron por la presencia del mismo Dios, que cruzó delante de los israelitas. También me pregunto si Dios tuvo un momento conmemorativo para sí cuando miró hacia esas aguas divididas, recordó ese primer pacto, y el sendero abierto para poder cumplir sus promesas.

Dios nunca olvida las promesas que nos hace. A su vez, Él quiere que sus hijos nunca olviden su fidelidad divina para cumplirlas. Una y otra vez en las Escrituras se le dice al pueblo de Dios que recuerde de forma activa todo lo que Él ha hecho a su favor. De hecho, la práctica de recordar es tan importante para los hijos de Dios que con frecuencia Él diagnosticó sus épocas de rebelión como casos serios de olvido. Tú mismo puedes ver varios ejemplos:

> "Cuando nuestros padres estaban en Egipto, no tomaron en cuenta tus maravillas; no tuvieron presente tu bondad infinita y se rebelaron junto al mar, el Mar Rojo" (Sal. 106:7).
>
> "Entonces ellos creyeron en sus promesas y le entonaron alabanzas. Pero muy pronto olvidaron sus acciones y no esperaron a conocer sus planes" (Sal. 106:12–13).

Una motivación poderosa para creerle a Dios en nuestro presente es recordar intencionadamente cómo ha obrado en nuestro pasado. Un poco más arriba mencioné los recuerdos que tengo de mi familia que parecen grabados en mi mente para siempre. Sin embargo, mi relación con Dios precedió a mi familia presente y continuó mucho después de la muerte de mi madre. Dicho con otras palabras, mi historia más larga y efectiva ha sido con el mismo Dios. Yo acepté a Cristo durante mi infancia, y lo he amado durante más tiempo, lo he conocido mejor y he vivido la vida con Él más íntimamente que con ninguna otra persona. Te aseguro que Dios y yo tenemos varios recuerdos juntos. Duros. Buenos. Sorprendentes. No hace falta que conozcas a Dios desde hace mucho para tener recuerdos con Él. Si te involucraste profundamente con Él cuando lo conociste, ya tienes una historia memorable con Dios, independientemente de lo breve que haya sido tu relación con Cristo. Cuanto más atrás mires, mejor verás que ya estaba obrando mucho antes de que aceptaras a su Hijo como Salvador.

Tú tienes algunos recuerdos con Dios. Sin duda Él te ha sido fiel, y tu recuerdo activo de su fidelidad de ayer hará aumentar grandemente tu disposición a confiar en Él hoy.

Las piedras conmemorativas que se sacaron del lecho del río debían llegar a ser recordatorios visibles de la fidelidad de Dios con los israelitas. A nosotros no nos vendrían mal, así que podemos tratar de aplicar la analogía a nuestra propia manera. Para fortalecer los músculos de nuestra fe vamos a ejercer un poco de energía al reflexionar y conmemorar ocasiones en que Dios nos mostró abiertamente su fidelidad para con nosotros. Considera el paso por el río Jordán como el proceso paso a paso por el cual Dios nos ha llevado a nuestra propia Tierra Prometida. Ve hasta dónde le puedes seguir el rastro a Dios y recuerda su bondad para contigo. Puede que nunca hayas olvidado muchos de sus actos fieles, pero ¿los has literalmente registrado? Tus hijos y tus descendientes, tanto físicos como espirituales, ¿tendrán algún tipo de registro escrito de su linaje y herencia de fe?

Mi hija Melissa tomó la decisión —difícil en extremo— de pasarse después de su segundo año de universidad en una institución muy renombrada de Texas a un gran establecimiento de entrenamiento bíblico. La opción fue muy costosa. Perdió un año de horas académicas ganadas con mucho esfuerzo, se marchó lejos de casa, y se instaló en una residencia estudiantil atiborrada, sin conocer a una sola persona. A mí no se me olvida algo que me dijo mientras se le ahogaba la voz por la difícil decisión. "Cuando les enseñe a mis hijos a seguir a Dios no importa a dónde los lleve, quiero que sepan que su madre hace lo que enseña". A muchas millas de distancia la he visto establecer monumentos conmemorativos con Dios. Él ha hecho cosas por ella que mamá y papá no pueden hacer por no estar suficientemente cerca. Ella dio un paso de fe no solo para sí misma, sino también para sus descendientes físicos y espirituales.

El Salmo 77:11–12 dice: "Prefiero recordar las hazañas del SEÑOR, traer a la memoria sus milagros de antaño. Meditaré en todas tus proezas; evocaré tus obras poderosas". Si estás dispuesto a participar te voy a pedir que te unas a mí al personalizar las palabras del salmista, y aplicar su referencia histórica de "antaño" a tus propios "antaños" personales. Vamos a volver la vista atrás y a ver los tesoros que podemos encontrar a veces incluso en medio de los escombros. Como si fueras un detective, comienza por buscar huellas dactilares visibles de tu Dios invisible, intercaladas a lo largo de tu vida. Amado amigo, Dios ha estado allí todo el tiempo, incluso antes de que tú lo reconocieras como Salvador. Él es el Dios infinito, eterno, omnipresente que corteja hacia su corazón a aquellos a quienes atraerá a sí. ¡Ya es hora de pensar en recuerdos positivos, queridos amigos! Recuerdos que edifican.

Dios ha estado allí todo el tiempo, incluso antes de que tú lo reconocieras como Salvador.

Reflexiona en lo que dice una enciclopedia mundial sobre los recuerdos: "La memoria es una parte fundamental del proceso de aprendizaje. Sin ella sería imposible aprender. Si su cerebro no recordara nada del pasado, usted sería incapaz de aprender cosas nuevas. Todas sus experiencias se perderían tan pronto como terminaran, y toda situación nueva sería totalmente extraña. Sin memoria usted tendría continuamente las mismas experiencias por 'primera vez'. La memoria enriquece la vida con los placeres de recuerdos felices, además de con las penas de los tristes."[7]

Imagínate todas las implicaciones espirituales de una memoria activa en nuestro caminar con Dios. Sin duda alguna, la memoria es parte fundamental del proceso de aprendizaje, y también es parte fundamental del proceso de edificación de la fe. Quizá ya estás tratando de evocar tu pasado y recordar evidencias específicas de la actividad de Dios. Aunque quizá estés convencido de que Él ha estado velando por ti todo el tiempo, puede que tengas lagunas de ciertos momentos específicos. Eso es normal. Vamos a reclutar la ayuda del Espíritu Santo para recordar actos de la fidelidad de Dios hacia nosotros durante nuestra vida. Juan 14:26 da a entender un papel que desempeña Éste y que nos puede ser de mucha ayuda. Cuando Cristo estaba preparando a sus discípulos para su ausencia, les aseguró una cosa:

"Pero el Consolador, el Espíritu Santo, a quien el Padre enviará en mi nombre, les enseñará todas las cosas y les hará recordar todo lo que les he dicho".

Cuando tú y yo aceptamos a Cristo, el Espíritu de Dios pasó inmediatamente a residir dentro de nosotros. Él tiene muchas funciones, pero una que señala este versículo puede tener un rol central en la tarea que tenemos ante nosotros. El Espíritu Santo es el bendito "Recordador". Con la misma facilidad nos puede hacer recordar lo que hemos vivido con Dios y lo que se nos ha enseñado. Me encanta la función de compañero que se apunta en el mismo versículo. El Espíritu Santo también es un Consejero capaz. Con frecuencia obra por medio de agentes humanos dotados espiritualmente, pero en términos del ejercicio que estoy proponiendo, muchos de ustedes verán que Él es lo único que ustedes necesitan. Nuestro propósito no es provocar recuerdos dramáticos, incrustados profundamente en la memoria, sino acelerar los recuerdos de la fiel provisión de Dios y de su presencia revelada a lo largo del camino.

Por favor, trata de pasar algún tiempo en oración durante los próximos días (incluso semanas si es necesario) con el objetivo de recordar a Dios. Pídele que haga que su Espíritu Santo te recuerde las obras de Jesús a lo largo de tu vida: Su presencia, su actividad y muchas de las cosas que te ha enseñado y revelado a lo largo de nuestro viaje. Igual que un río que desemboca en el mar, los recuerdos activos de lo que hizo Dios en nuestro pasado desembocan en la fe en Dios para nuestro futuro. Amado amigo, seamos o no capaces de descubrir evidencias palpables, podemos estar seguros de que Dios fue fiel incluso cuando nosotros no lo fuimos (2 Tim. 2:13). Mucho antes de que nos diéramos cuenta, Él ya estaba haciendo Diosstops.

He añadido una línea cronológica al final de este capítulo que espero completes como registro personal de tu caminar por la fe. También espero que las siguientes sugerencias provoquen algunos recuerdos vívidos y te ayuden a ordenar tus pensamientos:

1. Registra el día de tu nacimiento en el punto en negrita con que comienza la línea cronológica en el margen izquierdo. Recuerda que Dios ya estaba obrando en tu vida antes de que nacieras, así que si sabes algo importante que sucedió en tu línea familiar para darte una herencia de fe, regístralo con palabras o frases breves en el margen que hay delante del punto. Por ejemplo, quizá uno de tus abuelos fue misionero o maestro de escuela dominical. Una herencia de fe también nos puede llegar de formas menos tradicionales. Tengo un amigo cuyo abuelo fue un asesino que se convirtió radicalmente a Cristo e influyó muchísimo en su descendencia. A veces, los acontecimientos negativos pueden llegar a tener un impacto más profundo que los positivos en una futura vida de fe. Registra todo lo que podría considerarse una invitación a una vida de fe.

2. Al final de la línea cronológica, verás un punto en negrita seguido de "..." El "..." obviamente representa tu futuro. Sobre el punto en negrita solitario que va delante, hacia el margen derecho, anota tu edad actual, además del mes y año en que estás leyendo este libro para poder datarlo como el presente.

3. Para ayudarte a ordenar tus ideas, la línea cronológica está dividida en cinco segmentos. Toma tu edad actual y divídela por cinco, y después anota la edad —por lo menos aproximada— que tenías en cada uno de esos segmentos. Usa mi línea cronológica como ejemplo. A la hora de escribir estas páginas yo tengo 46 años. Como 45 es un múltiplo exacto de cinco, yo escribiría más o menos 9, 18, 27 y 36 encima de las líneas divisorias. De acuerdo al paso 2, ya he anotado 46 encima de mi punto final en negrita.

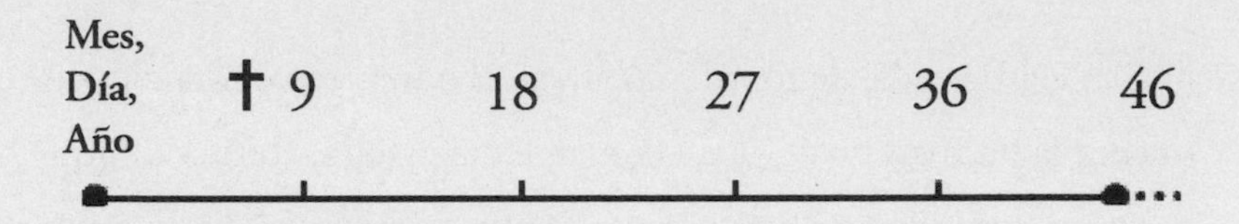

4. Si has aceptado a Cristo como Salvador, marca en la línea cronológica el momento en que te hiciste cristiano, y señálalo con una †. Como mis recuerdos de los primeros años de mi infancia son sumamente fragmentados, no me acuerdo del momento exacto de mi conversión, pero sé que cuando tenía ocho o nueve años el Espíritu Santo fue muy activo en mi vida, me convenció de pecado, y creó en mí un anhelo de conocer y agradar a Dios, por tanto voy a poner la crucecita en esa edad. Tú puedes hacer lo mismo si no estás completamente seguro. Pregúntate cuánto tiempo has tenido la seguridad de ser cristiano, y después marca tu línea con una cruz en ese punto inicial.

5. Durante los próximos días o semanas rellena la línea cronológica al final del capítulo con sucesos significativos o movimientos obvios e intervenciones de Dios que, vistos retrospectivamente, han resultado fundamentales para tu futuro camino de fe. Los cinco segmentos de edades te deberían ayudar a ordenar tus pensamientos a medida que recuerdas esos períodos de tu vida. Representa los sucesos significativos o los actos fieles de Dios poniendo puntos en la línea, e identificándolos con palabras o frases puestas encima. Considera que esos puntos son como tus monumentos conmemorativos, como las piedras sacadas de tu Jordán. Quizá algunos piensen en un principio que no tienen un camino de fe. Querido amigo, algo ha hecho que tú tomes un libro de esta clase y hayas leído hasta aquí. Dios te está

atrayendo hacia Él. Es muy posible que mires atrás, a lo que quizá haya sido una vida difícil, y veas los lugares en que puso personas y eventos para acercarte hacia Él. Yo tuve una infancia difícil, una adolescencia turbulenta y una juventud errática, pero soy consciente de la provisión y la intervención de Dios, a medida que me atraía a Él paso a paso. De alguna forma, los años de dolor nos pueden proporcionar un telón de fondo de contraste que hace aún más obvia la actividad de Dios.

Tus piedras entonces han de representar marcas espirituales de cualquier cosa significativa que al fin y al cabo te llevó por una senda de fe. Te planteo las siguientes preguntas para provocar recuerdos de hechos que con el tiempo resultaron ser importantes.

¿Hubo alguna mudanza, algún traslado que Dios usó para atraerte hacia Él?

¿Hubo nacimientos o muertes que con el tiempo resultaron ser importantes para tu fe? (Acuérdate de documentar también sucesos negativos o difíciles si Dios más tarde o inmediatamente los usó para atraerte a Él, alcanzarte o enseñarte.)

¿Puso Dios a alguien en tu vida durante cierto tiempo que te impactara mucho? Documenta el principio de esa relación.

¿Asististe a una escuela bíblica, campamento, avivamiento, o conferencia que resultara radical para ti?

¿Hubo algún suceso, tanto positivo como negativo, que tuviera un efecto importante en tu futuro caminar de fe? (Piensa en cosas como ascensos profesionales o despidos, enfermedades o recuperaciones inesperadas. Quizá te acuerdes de que te he mencionado una época de crisis en mi vida cuando tenía poco más de 30 años. Ese período de tiempo fue sin duda la época más desastrosa de mi vida adulta, pero tiene un lugar crucial en mi línea cronológica porque Dios lo usó grandemente para quebrarme y volverme a hacer. Puede que tú tengas una época parecida que deba ser registrada en tu línea cronológica.)

¿Has sido bautizado? No se te olvide registrar esa piedra conmemorativa tan importante en tu línea cronológica.

Espero que entiendas la idea. Más que nada, esta línea cronológica es tuya. Diséñala de la forma que mejor te parezca. Amado amigo, tú tienes una historia. Cuando hayas registrado tu historia con Dios en esta línea cronológica, quizá quieras hacer más, y narrar esos sucesos con un registro escrito. Eso es decisión tuya. La cuestión es que hayas creado recuerdos con Dios. Ojalá permanezcan como piedras conmemorativas no solo para ti, sino también para tus descendientes espirituales. Si el futuro parece duro, vuelve la vista atrás y mira las piedras levantadas, y recuerda una vez más: Dios siempre te es fiel.

Mes,
Día,
Año

"Luego el Señor le dijo a Josué: 'Hoy les he quitado de encima el oprobio de Egipto'. Por esa razón, aquel lugar se llama Guilgal hasta el día de hoy."

Josué 5:9

Capítulo 13

Creerle a Dios: Él puede llevarte a tu Guilgal

En este capítulo tenemos la oportunidad de reunirnos en un lugar estratégico y mi oración es que resulte significativo para cada uno de nosotros. Acompáñame a Guilgal.* Recuerda, las primeras cosas siempre son importantes. Al leer este pasaje, fíjate en el orden de los sucesos que se dieron en la primera parada al oeste del Jordán.

> Así, el día diez del mes primero, el pueblo de Israel cruzó el Jordán y acampó en Guilgal, al este de Jericó. Entonces Josué erigió allí las piedras que habían tomado del cauce del Jordán [...]
>
> En aquel tiempo, el SEÑOR le dijo a Josué: "Prepara cuchillos de pedernal, y vuelve a practicar la circuncisión entre los israelitas". Así que Josué hizo los cuchillos y circuncidó a

* N. de la T.: En algunas traducciones aparece como Gilgal.

los varones israelitas en la colina de Aralot. Realizó la ceremonia porque los israelitas en edad militar que habían salido de Egipto ya habían muerto en el desierto. Todos ellos habían sido circuncidados, pero no los que nacieron en el desierto mientras el pueblo peregrinaba después de salir de Egipto. Dios les había prometido a sus antepasados que les daría una tierra donde abundan la leche y la miel. Pero los israelitas que salieron de Egipto no obedecieron al SEÑOR, y por ello él juró que no verían esa tierra. En consecuencia, deambularon por el desierto durante cuarenta años, hasta que murieron todos los varones en edad militar. A los hijos de éstos, a quienes Dios puso en lugar de ellos, los circuncidó Josué, pues no habían sido circuncidados durante el viaje. Una vez que todos fueron circuncidados, permanecieron en el campamento hasta que se recuperaron.

Luego el SEÑOR le dijo a Josué: "Hoy les he quitado de encima el oprobio de Egipto". Por esa razón, aquel lugar se llama Guilgal hasta el día de hoy.

Al caer la tarde del día catorce del mes primero, mientras acampaban en la llanura de Jericó, los israelitas celebraron la Pascua. Al día siguiente, después de la Pascua, el pueblo empezó a alimentarse de los productos de la tierra, de panes sin levadura y de trigo tostado. Desde ese momento dejó de caer maná, y durante todo ese año el pueblo se alimentó de los frutos de la tierra (Jos. 4:19–20; 5:2–12).

La tendencia de Dios a hacer las cosas en el momento justo se ejemplifica bellamente en la primera verdadera ocupación de la Tierra Prometida por parte de Israel. No es casualidad que los israelitas atravesaran el Jordán y acamparan en Guilgal justo a tiempo para celebrar la Pascua. En realidad, Israel "cruzó el Jordán y acampó en Guilgal" "el día diez del mes primero", un aniversario muy importante. En Éxodo 12 Dios les había dado instrucciones a los israelitas, que eran esclavos, sobre cómo prepararse para esa primerísima Pascua, precursora de su liberación. Éxodo 12:3 dice: "Hablen con toda la comunidad de Israel, y díganles que el día décimo de este mes [el primero] todos ustedes tomarán un cordero por familia, uno por cada casa".

Cuarenta años más tarde, los israelitas salieron del Jordán en ese día conmemorativo. Si escuchas atentamente con oídos espirituales, quizá incluso oigas el balido de las ovejas cuando los israelitas usaron cayados y bastones para guiarlas por las aguas divididas. Cuatro días más tarde, los israelitas celebraron la primera Pascua en la Tierra Prometida. Esa primera Pascua iba a servirles para su inmediata liberación y su entrada a Canaán. Pero su incredulidad los llevó a un desierto indeseable y a cuatro décadas de errar por el desierto. Por fin, los israelitas llegaron a destino. No creo que sea casualidad el nombre que la Palabra le da al lugar de su primer campamento.

Básicamente, la palabra *Guilgal* (o Gilgal) significa "círculo o rueda". Se cree que las piedras erigidas estaban colocadas en círculo, pero yo creo que también se puede extraer otra aplicación muy rica. Creo que Guilgal también podría representar el lugar donde el pueblo hebreo completó su ciclo. Dios estratégicamente programó el cruce del río en el aniversario de los preparativos para la primera Pascua, como diciendo: "Intentémoslo de nuevo". Igualmente significativo, Guilgal fue el lugar de la Tierra Prometida en que Dios mandó que se circuncidara a los hombres, lo cual confirmaba la señal del pacto que debían llevar en su cuerpo. La marca del pacto de la circuncisión había sido descuidada durante la travesía en el desierto.

El momento elegido por Dios suponía una tarea repetida para los israelitas, y esta vez la cumplieron bien. Dios impuso su forma de hacer las cosas en Josué 5:9. Después de caminar por fe en medio de las aguas divididas, y de obedecerle por medio de la circuncisión, el Señor dijo: "Hoy les he quitado de encima el oprobio de Egipto". El texto explica luego: "Por esa razón, aquel lugar se llama Guilgal hasta el día de hoy". Si supiéramos hebreo, veríamos cuántas veces Dios hace juegos de palabras. Este texto es uno de muchos ejemplos. "Quitar" es la transliteración hebrea de *galal,* que obviamente es bastante parecida en forma y sonido a la palabra *guilgal. Galal* significa "rodar, girar, llevarse; darse la vuelta; sumergir (en sangre), teñir de rojo."[8] Dios quitó (*galal*) su oprobio como si estuviera en una rueda (*guilgal*), y rompió por tanto el círculo vicioso e hizo que se completara el ciclo. El monumento circular de piedras quedó como un monumento conmemorativo perenne.

Me atrevería a sugerir que Guilgal es un lugar importante para que tú y yo también vayamos con Dios. Considera que tu Guilgal personal es el lugar donde suceden dos hechos altamente significativos:

1. Dios completa tu ciclo y rompe todo círculo vicioso de fracaso.
2. Dios te quita el oprobio.

Sabemos que Dios está completando nuestro ciclo cuando nos volvemos a encontrar con la misma encrucijada donde anteriormente nos equivocamos tanto, pero esta vez optamos por tomar otro camino.

Hablemos primero de círculos viciosos y de cómo completar un ciclo y volver al punto de partida. Yo viví gran parte de mi vida en un círculo vicioso de derrota, y este tema me resulta muy conocido. Digo que mi historia de derrota fue cíclica porque no me quedé para siempre en un hoyo. Como ya te conté antes, realmente Dios tenía un lugar sumamente importante en mi corazón, por muy poco saludable que fuera este. Mi pecado siempre me dejaba abatida, y lo confesaba y me arrepentía con toda la energía que tenía. En vez de dejarle a Dios que me sacara del hoyo con su amor y su gracia, yo salía arrastrándome. Como no le había permitido a Dios que sanara mi corazón herido, ni tampoco creía que yo era quien Él decía que yo era, tarde o temprano acababa metida en otro hoyo.

Todos los creyentes necesitamos segundas oportunidades. Algunos necesitamos montones. Dios mira nuestros corazones y sabe si de verdad deseamos ser diferentes o si solo estamos hablando por hablar. Cuando por fin llega un cambio duradero, una de las cosas más sanadoras es la evidencia de que se está rompiendo el ciclo. Puede que sigamos con las mimas luchas, ya viejas, pero estamos tomando algunas decisiones que son nuevas. Sabemos que Dios está completando nuestro ciclo cuando nos volvemos a encontrar con la misma encrucijada donde anteriormente nos equivocamos tanto, pero esta vez optamos por tomar otro camino.

A orillas del Jordán, la nación de Israel se enfrentó a una tarea repetida. Era imposible mirar las aguas amontonadas a los lados y no acordarse de lo que había pasado 40 años antes, cuando eran niños. Ya se habían enfrentado una vez a una situación como esa. Cuando observaron la primera Pascua, el mar Rojo se interponía entre ellos y la libertad. Dios dividió esas aguas imponentes, y los israelitas pasaron por tierra seca… pero terminaron en un desierto de incredulidad. Junto al Jordán se les dio una nueva oportunidad por medio de aguas divididas. Podían quedarse en el desierto, o continuar por fe hacia su Tierra Prometida. Al elegir creer, tomaron la decisión correcta, en el momento justo para observar la Pascua de forma victoriosa. Se rompió el círculo vicioso, y un ciclo nuevo los condujo hacia su destino.

¿Tú eres como yo? ¿Has pasado gran parte de tu vida en un círculo vicioso? Quizá nos resulte más fácil reconocer nuestros propios ciclos personales si tomamos a Israel como ejemplo. Aquí tenemos dos de los ciclos más habituales, derrota y victoria. Toma nota de que los comienzos son bastante parecidos, pero los finales, muy diferentes. Observa también el punto de partida, que es fundamental.

Como ves, ambos ciclos comienzan con cierto tipo de esclavitud. Las Escrituras afirman claramente que toda la gente ha sido esclavizada por el pecado. Te advierto que hay todo tipo de esclavitudes. Podemos ser esclavos por todo, desde una incredulidad insistente hasta una timidez que

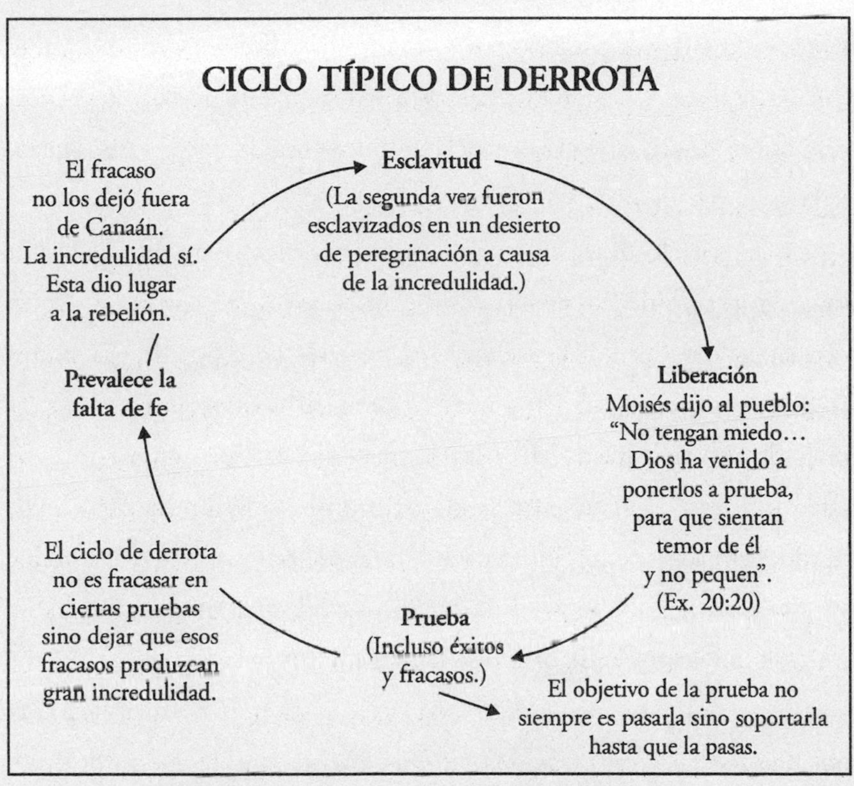
CICLO TÍPICO DE DERROTA
Esclavitud
(La segunda vez fueron esclavizados en un desierto de peregrinación a causa de la incredulidad.)
Liberación
Moisés dijo al pueblo: "No tengan miedo… Dios ha venido a ponerlos a prueba, para que sientan temor de él y no pequen". (Ex. 20:20)
Prueba
(Incluso éxitos y fracasos.)
El objetivo de la prueba no siempre es pasarla sino soportarla hasta que la pasas.
El ciclo de derrota no es fracasar en ciertas pruebas sino dejar que esos fracasos produzcan gran incredulidad.
Prevalece la falta de fe
El fracaso no los dejó fuera de Canaán. La incredulidad sí. Esta dio lugar a la rebelión.

CICLO TÍPICO DE VICTORIA
Tierra Prometida
Esclavitud
Liberación
Prueba
(incluyendo éxitos y fracasos)
Prevalece la fe

nos roba la victoria, pasando por todo tipo de adicciones/compulsiones físicas o sexuales. La esclavitud es todo lo que te mantiene alejado del destino que te ha ordenado Dios y del cumplimiento de sus promesas terrenales para ti.

En cada ciclo quizá muchos de nosotros hemos tenido cada vez más algún tipo de liberación. Está claro que los creyentes en Cristo han sido liberados de la esclavitud al pecado. Pero por desgracia, los cristianos también pueden pasar por áreas de cautiverio mucho después de su conversión. Mi historia personal de liberación comenzó cuando acepté a Cristo, pero desde ese momento Él también me ha librado de una tremenda inseguridad, de mucho temor, de pensamientos derrotistas y de prácticas de pecado autodestructivas. Es probable que, de una forma o de otra, tú también hayas sido liberado.

Pasemos al siguiente paso de cada ciclo. Toda persona que haya sido liberada de algún tipo de atadura también ha pasado por épocas de prueba. En el capítulo anterior hablamos sobre recordar u olvidar a Dios. Lo que decidamos hacer pertenece a este segmento del ciclo. Sea que olvidemos o no la fidelidad de Dios para con nosotros, esa va a ser una de las pruebas seguras a la que nos vamos a enfrentar. Sea cual sea el examen del curso, el resultado del test previo que nos prepara para él, puede incluir tanto éxitos como fracasos. Yo creo que Dios sigue probándonos en cierta área hasta que la aprobamos. A veces, incluso parece insistir en que lleguemos a la nota máxima. Pero al fin y al cabo, la forma en que sigue el ciclo se basa en una de dos cosas: prevalece la falta de fe o prevalece la fe.

La palabra *prevalecer* es importante porque hay muy pocos cristianos que actúan totalmente en los extremos de falta de fe o de fe inquebrantable. Dios no está sentado en su trono con un matamoscas, preparado a darnos un golpe al primer indicio de duda. Keith y yo decimos con frecuencia que hemos fallado y fracasado en nuestro camino a la fe, pero de alguna forma, por la gracia de Dios, seguimos avanzando. Todo el tiempo que llevemos estos torpes trajes de carne, no vamos a ser superhombres que vuelen alto en el cielo de la fe. Se nos ha llamado a hacer algo mucho más elemental: caminar por fe. Lo que Dios mira con mayor frecuencia es lo que prevalece en nuestras vidas. Si prevalece la falta de fe, vamos a estar repitiendo el ciclo de derrota. Quizá sean situaciones diferentes, pero el modelo es el mismo.

Yo he estado cantidad de veces en esa situación. Pero para la gloria de Dios, ya llevo fuera varios años. Finalmente prevaleció la fe, y se rompió el ciclo antiguo. Él me volvió a probar en varias áreas que en el pasado habían supuesto una derrota para mí, y *por fin* comencé a aprobar más que a reprobar, y a creer más que a no creer. La fe que prevaleció me llevó entonces a un estado más constante de habitar en mi Tierra Prometida. Lo mismo te pasará a ti en el tiempo que Dios tenga programado para ti. Si todavía no has vivido lo que estoy describiendo, tu Guilgal te aguarda, y mi oración es que no descanses hasta que Dios te lleve allí.

Si crees que ya has estado en Guilgal con Dios, entonces sé sensato y date cuenta de que no podemos presumir de quedarnos allí para siempre. Ninguno de los ciclos descritos arriba es necesariamente permanente mientras habitemos esta tierra. La estructura de nuestros ciclos puede cambiar y convertirse en una espiral ascendente… o descendente.

Lamentablemente, los israelitas no moraron en forma indefinida en la libertad y la prosperidad de la Tierra Prometida. Su idolatría y su desobediencia —que llevaron más tarde a la cautividad asiria y babilónica— provenían de la falta de fe que prevalecía. Tú y yo no tenemos por qué hacer lo mismo. El Espíritu del Cristo vivo mora en nosotros, y produce como fruto la fe (Gál. 5:22–23). En lo que nos resta de vida, nunca caminaremos en perfecta fe, pero podemos caminar en fe que prevalece.

Recuerdo haber pasado por un Guilgal cuando me di cuenta de que Dios había completado el ciclo en un área de mi vida. El encuentro fue casi irreal. Al regresar a Arkansas, de donde provengo, para liderar una conferencia, en uno de los descansos me presentaron a una joven mujer. Después de decirme su nombre, nuestra amiga en común me explicó: "Ella enseña tus estudios bíblicos en tu antigua iglesia en Arkadelphia". El tiempo pareció detenerse, y me acordé de lo derrotada que me sentía cuando era joven. Me sentaba en los bancos de esa iglesia, y caminaba por ella en derrota total, luego de haber tomado varias decisiones realmente malas. Estaba convencida de que en la iglesia todos menos yo vivían victoriosamente. Me parecía llevar mi oprobio encima, como un suéter con letras.

Pasaron muchos años, y yo viví una mezcla de éxitos y fracasos, pero el obstinado amor de Dios, así como su llamamiento a la fe, finalmente prevalecieron. Al pararme frente a esa joven, apenas pude asimilar el viaje. Había vuelto a la iglesia donde me había sentido tan avergonzada, pero esta vez como maestra de estudios bíblicos por medio de cintas de vídeo. Yo no sabía a dónde me iba a llevar la vida desde allí, pero sabía que en ese momento y en ese aspecto había completado un ciclo. La nube de las ataduras del pecado y de la muerte había pasado sobre mí. Había estado en Guilgal. Amado amigo, Dios también tiene un ciclo Guilgal completo para ti. Y eso no es lo único que te espera allí.

Dios tiene una segunda obra altamente significativa que realizar en tu Guilgal. Quiere quitarte todo oprobio. Quizá te venga bien echarle otro vistazo al segmento de Escrituras que hay al principio de este capítulo. No pases por alto que Dios le quitó el oprobio a Israel cuando este volvió a confirmar el rito del pacto de la circuncisión y prometió obedecer sus mandamientos. Yo veo que antes de que los israelitas fueran liberados para vivir fructíferamente en su tierra de la promesa, había tenido lugar algún tipo de herida. He pasado por eso. Y muchos otros también. No conozco a una sola persona que de verdad parezca llevar la marca de la presencia y el poder de Dios en su vida, a la que Dios no le haya pedido que sea obediente de alguna forma altamente dolorosa. Una vida que avanza hacia la Tierra Prometida casi siempre conlleva algún cambio.

Por medio de la reconfirmación del rito de la circuncisión, Dios cortó realmente el signo físico de la falta de fe en Él. Les quitó el oprobio. ¿Cómo se aplica este concepto a los creyentes en Cristo en la época neotestamentaria? Colosenses 2:11–12 dice: "En él [Cristo] fueron circuncidados, no por mano humana sino con la circuncisión que consiste en despojarse del cuerpo pecaminoso. Esta circuncisión la efectuó Cristo. Ustedes la recibieron al ser sepultados con él en el bautismo. En él también fueron resucitados mediante la fe en el poder de Dios, quien lo resucitó de entre los muertos".

Para nuestra aplicación, pon Efesios 4:22-23 junto a estos versículos y observa cuál debe ser nuestra responsabilidad en el proceso. "Con respecto a la vida que antes llevaban, se les enseñó que debían quitarse el ropaje de la vieja naturaleza, la cual está corrompida por los deseos engañosos; ser renovados en la actitud de su mente".

El oprobio es todo tipo de sentimiento de vergüenza, toda sensación de que se nos desprecia o de que nos hemos convertido en objeto de desprecio.

Imagínate que nuestro oprobio es como el vestigio de lo que todavía insistimos en ponernos de nuestro antiguo vestuario, sean cuales sean las acciones reveladores que ocurrieron antes o después de nuestra salvación. Aun a riesgo de ser un poco gráfico, lo que Cristo circuncidó pero que tratamos de mantener como una cubierta. El problema de nuestro vestuario (nuestra falta de disponibilidad a "quitarnos" algunas prendas que llevábamos) es realmente una cuestión mental. Aunque fuimos totalmente cambiados por dentro al ser hechos nuevas criaturas en Cristo, renovar nuestras mentes suele tomar tiempo. A eso se refirió Pablo cuando nos dijo que seamos "transformados mediante la actitud de [nuestra] mente". Si nos seguimos sintiendo como el viejo hombre de pecado es mucho más probable que actuemos como el viejo hombre de pecado.

Me atrevería a sugerir que cada uno de nosotros necesitamos un viaje a Guilgal en el curso de nuestras vidas, tan llenas de desafíos, porque realmente somos pocos quienes "nos quitamos" completa e instantáneamente todas las indumentarias de nuestro antiguo vestuario. No solo insistimos en ponernos prendas de nuestro vestuario viejo, sino que a veces también insistimos en ponernos prendas del vestuario de otra gente. Dicho con otras palabras, podemos ser víctimas del oprobio de otra persona, o hacer nuestro algo que nunca lo fue.

Una definición de *oprobio* tomada de un diccionario bíblico hará aumentar nuestro entendimiento y nos ayudará a relacionar las cosas: "Oprobio, vergüenza, desdén, desprecio; el objeto del oprobio. Encierra la connotación de culpar a otros, de señalar con el dedo, es un estigma. En sentido figurado, alguien o algo que es despreciado".[9]

Oprobio puede significar todo tipo de estigma que nos parece haber llevado todo el tiempo. Por ejemplo, cualquier cosa que hayamos hecho (o sido) que podría hacer que la gente nos señalara con un dedo acusador. El oprobio puede ser un sentimiento de culpa, real o imaginado, con consecuencias serias. Desde luego, el oprobio es todo tipo de sentimiento de vergüenza, toda sensación de que se nos desprecia o de que nos hemos convertido en objeto de desprecio.

Muchos de ustedes quizá recuerden *La letra escarlata,* una obra literaria en que su protagonista literalmente lleva encima un estigma o signo de oprobio. La *A* de adulterio no es la única letra que alguien puede sentir que lleva encima como un estigma. Fíjate en estas otras, que varios creyentes me han confirmado en varias ocasiones.

¿Acaso sientes que estás llevando una *D* de "divorciado"? Quizá tú no elegiste divorciarte, o incluso si fue así, sucedió hace veinte años.

Pero a pesar de eso sientes que no puedes sacarte de encima el estigma.

¿*A* de "avergonzado"? ¿Por haber sido víctima de algo vergonzoso? ¿Por haber tomado malas decisiones? ¿O, como yo, por las dos cosas?

¿*L* de "loco"? Conozco a personas que han pasado por un período horrible de enfermedad mental o colapso emocional, y que ahora viven bajo la impresión de que quienes los observan nunca les quitarán ese estigma. También conozco a alguien que está medicándose debido a una seria enfermedad mental, pero no se lo dice a nadie porque tiene miedo del estigma.

¿*A* de "arruinado"? ¿Tuviste que solicitar la quiebra hace años, y todavía te sientes avergonzado?

¿*D* de "despedido"? ¿Perdiste el empleo y terminaste con la sensación de llevar una *D* en el suéter en las siguientes entrevistas?

¿*P* de "prostituta"? ¿Llevas bastante tiempo viviendo victoriosamente, pero el acusador te dice que siempre serás lo que fuiste?

¿*L* de "lesbiana", aunque te alejaste de esa vida hace ya varios años?

¿*H* de "homosexual" porque los chicos de tu escuela te dijeron que eras afeminado?

¿*MP* de "mal padre" porque uno de tu hijos se rebeló o se hirió a sí mismo de alguna forma?

¿*CE* de "conductor ebrio"?

¿Acaso pasaste una noche en la cárcel y te parece que llevas una *DH* de "delincuente habitual"?

¿*ND* de "no deseado", cuando en realidad eres un soltero honorable?

¿*MS* de "madre soltera"? Tengo una amiga que es madre de un hijo precioso de quince años que fue concebido fuera del matrimonio. Dios ha redimido la vida de esta madre, sacándola del pozo y dándole un hijo que ama a Jesús, pero mi amiga sigue sintiendo que lleva un estigma. ¿A alguien le ha pasado algo parecido?

La lista de letras podría continuar —y sería realmente larga—. Algunos de nosotros —yo la primera— hemos llegado a llevar puestas varias letras diferentes. Parecía que me habían echado en el suéter un plato entero de sopa de letras. Algunas de mis letras ni siquiera eran reales, pero yo estaba tan convencida del oprobio que me las ponía yo misma. ¿Qué letras has llevado tú? Si tienes el valor y la privacidad para escribir tus propias letras en este espacio, así como lo que significan para ti, te sería de ayuda para tener algo concreto que poner ante Dios y cerrar el tema de una vez por todas.

Amado amigo, si todavía estás cargando algún oprobio de tu pasado, del tipo que sea, y desde luego si todavía te sientes víctima de algo de lo que no eres víctima, estás necesitando un viaje a Guilgal. Dios te está esperando allí. Quiere que recuerdes la cruz de Cristo, tu Cordero pascual (1 Cor. 5:7), y levantes un monumento en honor a la victoria que te dio. Ve por fe a Guilgal y confiésale a Dios todo estigma de oprobio que creas que tienes puesto. Déjale que quite de tu vida esos trozos de tela vieja, los sumerja (*galal*) en la sangre de Jesús, y los aleje de ti para siempre.

"El que los llama es fiel, y así lo hará" (1 Tes. 5:24).

"Marcharán una vez alrededor de la ciudad; así lo harán durante seis días... El séptimo día ustedes marcharán siete veces alrededor de la ciudad..."

Josué 6:3-4

Capítulo 14

Creerle a Dios cuando después de la revelación llega la rutina

Espero que estemos marchándonos de Guilgal con un vestuario más ligero que el que teníamos. Ya es hora de que algunos de nosotros cambiemos el espíritu de pesadez por una prenda de alabanza. Nuestra siguiente parada en la Tierra Prometida es una colina cerca de Jericó, donde Josué tuvo un encuentro inesperado con el comandante del ejército del Señor.

"Cierto día Josué, que acampaba cerca de Jericó, levantó la vista y vio a un hombre de pie frente a él, espada en mano. Josué se le acercó y le preguntó: ¿Es usted de los nuestros, o del enemigo?

(Traducción: "¿De qué lado estás?")

"'¡De ninguno!'—respondió—. 'Me presento ante ti como comandante del ejército del Señor.

(Traducción: "No estoy para ponerme del lado de nadie, sino para tomar el mando".)

Dios es bueno y fiel a su palabra.

"Entonces Josué se postró rostro en tierra y le preguntó: —'¿Qué órdenes trae usted, mi Señor, para este siervo suyo?'

"El comandante del ejército del SEÑOR le contestó: —'Quítate las sandalias de los pies, porque el lugar que pisas es sagrado'. Y Josué le obedeció" (Jos. 5:13–15).

Dios es bueno y fiel a su Palabra. ¿Recuerdas lo que vimos en Josué 1:9 cuando Dios le dijo a Josué que fuera "fuerte y valiente"? En el mismo versículo le dijo a su siervo por qué: "porque el SEÑOR te acompañará dondequiera que vayas". Dios nos promete estar siempre con nosotros, pero alguna que otra vez nos revela su presencia un poco más vívidamente de lo que estábamos esperando. Eso es lo que hizo Dios con Josué cuando este se encontraba en las afueras de Jericó. Dios decidió que si su siervo iba a avanzar hacia un momento santo, era mejor que lo hiciera descalzo. "Y Josué le obedeció". Si yo supiera, aunque solo fuera por encima, lo grande que es Dios, me sentiría mortificada por todas las veces que me dijo que hiciera algo, y el relato dice: "Y Beth no obedeció". Ayúdame, Señor.

Muchos eruditos creen que el comandante del ejército del Señor fue una teofanía (manifestación de Dios), o incluso una aparición de Cristo preencarnado. El título "Señor de los ejércitos" usado en otros lugares describe una posición semejante de liderazgo de un ejército (normalmente de ángeles), y solo se atribuye a lo divino. A primera vista, la cuestión de la identidad parece resolverse cuando Josué llama "Señor" al comandante en el versículo 14.

"¿Qué órdenes trae usted, mi Señor, para este siervo suyo?"

En este título (Señor) la única letra en mayúscula es la primera, en contraposición a ponerlas todas en mayúscula (SEÑOR), como es el caso de las demás referencias al señorío que hay en este texto. Cuando solo la primera letra está en mayúscula, se trata de la transliteración del original hebreo *adon* o *adonai*. Estas formas del mismo término hebreo se usan con frecuencia para Dios en el Antiguo Testamento, pero también pueden referirse a un amo o jefe del tipo que sea. En cambio, cuando el nombre aparece todo en mayúsculas, es una referencia al pacto (YHVH) que solo se aplica a Dios. El indicio más fiable que ofrece el texto de que se trata de una teofanía es la autoridad de la figura para santificar el mismísimo suelo en que estaban parados, y llamarlo santo. La frase "Quítate las sandalias de los pies, porque el lugar que pisas es sagrado" es prácticamente idéntica a la orden que Dios le dio a Moisés junto a la zarza ardiente en Éxodo 3:5. Y allí el texto no ofrece ninguna duda de que era la voz del mismo Dios.

Dios había prometido estar con Josué dondequiera que este fuera, y cuando su siervo se encontraba en la cúspide de la ciudad cumbre de Canaán me imagino que Dios pensó que a Josué no le vendría mal una nueva revelación. Es fácil imaginarse los ojos asombrados de Josué y la boca abierta. Me sorprende que le tuvieran que decir que se quitara las sandalias. Me asombra que no se le salieran solas.

Yo no soy Josué, ni he visto una manifestación de Dios en persona, pero en varias ocasiones casi me ha matado del susto para hacerme ver que estaba presente. Me acuerdo sobre todo de una ocasión. Hace varios fines de semana volví a ser parte de un encuentro enorme con estudiantes universitarios, llamado OneDay, dirigido por Louie Giglio, de Passion Conferences. Los estudiantes, que eran de universidades de todo Estados Unidos y del extranjero, pasaron un día entero en solemne asamblea para ayunar, orar y buscar el rostro de Dios. Hay que elegir un predio gigantesco que aguante el peso de más de 30.000 estudiantes universitarios, sus vehículos, y sus equipos de acampar. En el centro del lugar de reunión se monta un escenario con luces, altavoces gigantes y pantallas.

Nunca he vivido nada exactamente igual que OneDay. Durante mucho tiempo he tratado de discernir la diferencia con otros eventos, y creo que ya he averiguado cuál fue. Prácticamente todas las conferencias a las que me invitan surgen de un corazón puro, y están organizadas con intenciones serias de tener un encuentro con Dios. Sin embargo, OneDay es diferente por la disponibilidad que profesan los organizadores y los participantes a tener un encuentro con Dios a Su manera, en vez de pedirle a Él que se acople a la nuestra. Los organizadores mueven cielo y tierra para asegurarse de que de antemano se realizan preparaciones espirituales. Los estudiantes de este último encuentro recibieron por correo un CD con instrucciones de escucharlo en el auto cuando manejaran hacia el encuentro. La grabación del CD los guió en oración, confesiones, contemplaciones y alabanza.

Además de eso, el plantel de OneDay les pide a sus voluntarios, a sus líderes e incluso a los asistentes un sacrificio no pequeño (oración, ayuno, tiempo, energía, trabajo duro, condiciones difíciles, etc.).

Son parte de algo serio. Si comparto todo este trasfondo contigo es porque Dios mismo terminó haciendo algo serio. Algo que nos asustó a muerte. Desde esa vez he pensado en que con mucha frecuencia le pido a Dios que se revele poderosamente y que trabaje de forma espectacular. Ahora he empezado a preguntarme qué haríamos si en verdad "apareciera". Te contaré cómo fue nuestro pequeño "vislumbre".

A los líderes y los voluntarios les habían pedido que estuvieran en el lugar el sábado por la tarde, mientras que el pleno de los estudiantes llegaría el domingo por la noche. La reunión más solemne estaba programada para todo el lunes. La mayoría del plantel se alojaba en tráilers, y cientos de voluntarios montaron tiendas de campaña. Unos siete mil estudiantes llegaron temprano y también montaron sus tiendas. Ver tantas tiendas de campaña de colores brillantes, así como caras expectantes era algo extraordinario. Oramos y oramos, pidiéndole a Dios que viniera y tuviera un encuentro con nosotros. Teníamos el corazón expectante. Comenzó a caer la noche, y de repente se presentó una tormenta. No una tormenta cualquiera. Los truenos rugían, y los relámpagos iluminaban el cielo de una forma que hace mucho que no he vuelto a ver. Comenzó a llover copiosamente.

Yo estaba en mi cama en el tráiler, con los ojos abiertos como platos, mientras la casa rodante se balanceaba con el ritmo de la tormenta. Lo único que se me ocurría hacer era clamar a Dios. Con frecuencia, lo único que podía decir era: "¡Oh, Dios, ayúdanos! ¡Oh, Dios, ten piedad!" Yo estaba de lo más preocupada por los que estaban en tiendas de campaña. Tenía muchos seres queridos entre ellos, pero estaba preocupada profundamente por todos los que estaban afuera. Era una tormenta de las que parecen poner la vida en peligro, y meció nuestro mundo casi toda la noche. Si hubieras estado allí con nosotros sabrías que fue un milagro de Dios que no muriera nadie.

Aun a riesgo de parecer que hablo en términos místicos, en mitad de la noche comencé a recibir lo que yo creo que pudo haber sido un tipo de revelación: una comprensión espiritual fuera de lo común, que a mí me parecía me podía fiar de ella porque me llegó totalmente por medio de la Palabra de Dios. De repente comencé a recordar versículos en los que aparecen palabras como "tormenta", "trueno" y "relámpago", como si una concordancia bíblica pasara ante mi memoria. Estos son dos versículos concretos:

> "Camina en el huracán y en la tormenta" (Nah. 1:3).
>
> "Del trono salían relámpagos, estruendos y truenos" (Apoc. 4:5).

El temor de Dios cayó sobre mí de una forma que solo ha sucedido unas pocas veces en mi vida. Me dio la impresión de que a todos nosotros nos estaba diciendo algo como: "Ustedes me pidieron que viniera. Me dijeron que hablaban en serio en cuanto a encontrarse conmigo. Con el yo real. Y pensé que debía decirles que he aceptado su invitación. Estoy llegando".

Esas dos últimas palabras se repitieron como un eco una y otra vez en mi mente: "Estoy llegando".

Podríamos añadir que con fuegos artificiales.

El corazón me latía tan fuerte que casi se me salió del pecho. Las palabras de Job 37:1–4 describen plenamente lo que yo sentí en parte:

> "Al llegar a este punto, me palpita el corazón
> como si fuera a salírseme del pecho.
> ¡Escucha, escucha el estruendo de su voz,
> el ruido estrepitoso que sale de su boca!
> Lanza sus rayos bajo el cielo entero;
> su resplandor, hasta los confines de la tierra.
> Sigue luego el rugido majestuoso de su voz;
> ¡resuena su voz, y no retiene sus rayos!"

Dios quiere que lo busquemos y lo hallemos.

No me atrevería a decir que Dios "no retuviera sus rayos" aquel fin de semana, pero desde luego Él me convenció de que fue solo por "el gran amor del SEÑOR" que no fuimos consumidos (Lam. 3:22). Si no fuera por la compasión de Dios, su misma presencia en medio de nosotros nos mataría. La verdad es que no tenemos ni idea de con quién estamos tratando. La buena noticia es esta: Dios quiere que lo busquemos y lo hallemos. Quiere atraernos a Él, y quiere que hallemos seguridad en Él. También quiere que apreciemos la grandeza y la majestad de quién es Él, así como el regalo de la cruz que nos permite acercarnos a Él sin miedo. "El temor del SEÑOR es el principio del conocimiento" (Prov. 1:7).

Yo he presenciado cantidad de tormentas, pero nunca he estado tan convencida de que alguna tuviera implicaciones espirituales. Y la verdad es que Dios sí que tuvo un encuentro con nosotros. Lo que tuvimos fue algo más que un pequeño avivamiento. Tuvimos resultados. Resultados divinos. Muchos no se pueden calcular, pero entre los que sí se pueden estaban 8000 estudiantes universitarios que se inscribieron como voluntarios para misiones internacionales a corto y a largo plazo. Clamamos a Dios, y como dice Job 38:1, "El SEÑOR [nos] respondió desde la tempestad".

Los escépticos podrían argumentar que la tormenta ya había sido anunciada en el pronóstico del tiempo. Mi respuesta es que una tormenta semejante también había sido predicha para la noche siguiente, pero como si Dios estuviera tratando de decirnos algo, el culto de alabanza con el que se abrió el encuentro se dio bajo un cielo límpido y estrellas brillantes. Lluvia o sol, el pronóstico del tiempo de ese fin de semana lo hizo Dios.

Desde que regresaron a sus lugares habituales he pensado mucho en aquellos estudiantes. Vimos a Dios trabajar con la fuerza de un vendaval, y eso me hizo preguntarme si algunos se apagaron cuando amainó lo espectacular. Es cierto que muchos se inscribieron para misiones, y muchos más dedicaron sus vidas a seguir más fielmente a Dios, pero quizá pasen años hasta que Él los movilice en ciertas áreas del ministerio. Muchos de ellos hoy se sienten elegidos y llamados, igual que se debería sentir todo creyente en Cristo, pero ¿qué deben hacer hasta que Dios los plante activamente en la tierra de su cosecha?

Seguir en las cosas básicas de cada día. Así de simple.

Vuelve conmigo a la historia de Josué y Jericó. Uno podría pensar que después de un encuentro tan espectacular con el comandante del ejército de Jehová, Josué debería esperar que los planes para la inevitable caída de Jericó serían igualmente espectaculares. Pero eso no es exactamente lo que pasó. Lee tú mismo las instrucciones:

> "Tú y tus soldados marcharán una vez alrededor de la ciudad; así lo harán durante seis días. Siete sacerdotes llevarán trompetas hechas de cuernos de carneros, y marcharán frente al arca. El séptimo día ustedes marcharán siete veces alrededor de la ciudad, mientras los sacerdotes tocan las trompetas. Cuando todos escuchen el toque de guerra, el pueblo deberá gritar a voz en cuello. Entonces los muros de la ciudad se derrumbarán, y cada uno entrará sin impedimento" (Jos. 6:3–5).

Si Josué se hubiera permitido un poco de razonamiento humano, me imagino que habría pensado algo así como: *¿Por qué no podemos ir al grano? ¿Por qué marchar seis días alrededor de la ciudad, y después siete veces más el séptimo día? ¿A qué viene toda esta repetición?¿No podemos gritar un solo día y hacer que se caigan las murallas?*

Es normal que pensemos que el plan no les pareciera muy lógico a los israelitas, y menos aún a un hombre como Josué, cuya especialidad era la estrategia de guerra (Ex. 17:13). ¿De qué podía servir caminar repetidamente alrededor de una ciudad? Ese séptimo día, y a la cuarta vuelta, ¿no te parece que se estaban aburriendo de ver el mismo sitio y el mismo sendero? ¿Se puede saber qué estaba haciendo Dios de esta forma tan rara?

Yo no estoy muy a favor de la numerología, pero es difícil negar la repetición de ciertos números y el contexto parecido. Muchos eruditos creen que en las Escrituras siete es el número de la finalización, la concreción. El relato de la creación parece ser el ejemplo perfecto. Los siete días y las siete repeticiones que Dios les pidió a los israelitas antes de darles Jericó eran para ellos un lapso de tiempo literal, pero para nosotros presenta una aplicación figurativa. A veces Dios nos pide que realicemos una buena cantidad de repetición durante bastante tiempo hasta que considera que se ha completado una etapa. Y entonces, de repente parece hacer algo profundo o milagroso, y nosotros no nos damos cuenta de qué cambió.

Muchos eruditos creen que en las Escrituras siete es el número de la finalización, la concreción.

Faltan muy pocos capítulos para terminar este libro. Uno de sus mensajes más importantes es que tú todavía puedes creerle a Dios para que haga algo espectacular y milagroso. Pero ¿qué tiene que hacer un creyente entre una y otra revelación espectacular? Las cosas básicas de cada día. Así de simple.

Orar. Pasar tiempo diariamente en la Palabra de Dios. Alabanza y adoración. Asistir a la iglesia. Servir en una iglesia. Ofrendar. Estos son los fundamentos y nunca cambiarán. Podemos poner todas las excusas del mundo para no practicar esto o lo otro, pero suponen la columna vertebral de la obediencia. Con frecuencia deseamos lo místico, cuando Dios suele insistir en lo práctico. Quizá queramos una dosis constante de hechos espectaculares, pero Dios disfruta viendo la perseverancia y la fidelidad probada de la simple devoción diaria. Hay veces que la prueba más grande del milagroso poder de Dios es cuando alguien que busca gratificación instantánea pero carece de suficiente atención, se niega a sí mismo, toma su cruz y sigue a Cristo... por un trayecto largo.

Vuelve a mirar un momento tu línea cronológica. Nuestras partes favoritas son las piedras conmemorativas que hay esparcidas en el sendero de nuestra vida. Las partes favoritas de Dios son las líneas que hay entre los momentos que decidimos caminar por fe sin respuestas ni evidencias visibles. Yo suelo pensar que nuestra paciente fidelidad para caminar entre revelaciones espectaculares aviva las llamas del deseo de Dios de mostrarnos su gloria. Dicho con otras palabras, la fidelidad es una inversión para el futuro.

A veces le pedimos a Dios algo crucial, quizá un asunto de vida o muerte, y queremos algo rápido y espectacular. En su lugar, Dios nos suele tener caminando alrededor de ese Jericó día tras día, repitiendo los mismos viejos pasos fundamentales, mientras parece que no pasa nada. Ya pasará, no te preocupes. Nunca debemos dejar de creer que pasará. Pero entretanto, tenemos que seguir caminando y dando vueltas, y no importa cuántas veces ya lo hayamos hecho antes, y no importa cuántas veces lo tengamos que hacer todavía.

G. K. Chesterton escribió de un Dios que "es lo bastante fuerte como para exultar en la monotonía. Es posible que Dios le diga todas las mañanas al sol: 'Vuélvelo a hacer'; y todas las noches a la luna: 'Vuélvelo a hacer' Puede que no sea una necesidad automática hacer iguales todas las margaritas; puede ser que Dios haga cada una por separado, pero nunca se ha cansado de hacerlas. Quizá tenga el eterno apetito de la infancia; porque nosotros hemos pecado y nos hemos hecho viejos".[10]

Nuestro Dios es un Dios que se deleita en una mezcla perfecta de creatividad y orden. Aunque podría haber creado todo el cosmos en una milésima de segundo, lo hizo con gran paciencia en seis etapas distintas.

Y después descansó.

Y más tarde insistió en que sus hijos hicieran lo mismo.

A Dios le gusta el orden. Le gusta la repetición. Como es un Dios de cosas fundamentales, hace salir el sol cada mañana y la luna cada noche, pero su creatividad dentro de ese orden se despliega espléndidamente en las puestas de sol —todas diferentes— y en los amaneceres. Lo mismo pasa con nosotros. La fidelidad en nuestro caminar cristiano exige cierto orden, ciertos fundamentos en blanco y negro, pero dentro de ese orden hay un espacio glorioso para el color y la creatividad.

He vivido demasiado tiempo de mi vida en derrota, como para arriesgarme a vivir en la zona gris. Hace mucho tiempo tuve que dejar de darme la opción de levantarme o no para orar, de pasar tiempo en la Palabra ese día, o de asistir y servir en mi iglesia de forma constante. Esos fundamentos son parte de mi vida. Son su voluntad divina, y hacer otra cosa —no importa cómo la llamemos— es desobediencia.

Dentro de esas cosas básicas Dios me da gran espacio para ejercitar mi necesidad de pasión y drama. Aunque mis mañana casi siempre empiezan en la misma mesa y silla, a veces acabo en el jardín, bajo las estrellas matutinas, o aún mejor, dando un paseo. En alguno de esos escasos sábados que estoy en casa, a veces oro todavía envuelta en la suavidad de mi cama. Otras veces la playa es el lugar perfecto. Retiro lo dicho: quédate con la playa y dame montañas. A lo que quiero llegar es que me levanto diariamente por la mañana, pero los rayos de sol que rodean mi tiempo con Dios pueden ser de muchos colores. A veces brinco, a veces inclino el rostro, y a veces me postro en el piso. A veces oro pasajes de las Escrituras. Otras veces mis oraciones son gemidos y lamentos. Pero tengo que orar. Es la voluntad de Dios aunque yo no sé si algo está cambiando o no.

La fidelidad en nuestro caminar cristiano exige cierto orden, ciertos fundamentos en blanco y negro, pero dentro de ese orden hay un espacio glorioso para el color y la creatividad.

Aunque sigo esas disciplinas de varias formas, las hago prácticamente todos los días. ¿Por qué? Porque parece que a Dios le gustan. Imagínate a Dios dándonos codazos a ti y a mí antes de que amanezca, ya que está impaciente por estar con nosotros. Y después, mientras avanzamos medio dormidos a nuestro lugar de encuentro habitual, imagínate que te dice algo parecido a lo que apuntó Chesterton: "¡Vuélvelo a hacer, hijo mío!"

A veces me da la impresión de que las frases que suelo usar en la oración y los temas por los que siento más carga para enseñar seguramente lo aburren a Dios. La verdad es que mientras Él vea un corazón sincero nunca se cansa de las mismas palabras y prácticas viejas que fluyen de él. "¡Vuélvelo a decir, hijo mío! ¡Otra vez!" Las misericordias de Dios han existido por toda la eternidad, pero las Escrituras nos dicen que son nuevas cada mañana. Ya ves, un día nuevo con todos sus desafíos nuevos le otorga nueva vida a una práctica antigua.

Diariamente los fundamentos son las cosas básicas por las que marcho repetidamente alrededor de mis Jericós. A diferencia de Josué y de los israelitas, nunca sé cuándo va a caer mi Jericó actual. Lo único que sé es que tengo que seguir creyendo y seguir marchando. Cuando haya llegado el momento caerán las murallas. Cuando los israelitas dieron vueltas alrededor de Jericó, su séptima vuelta durante el séptimo día no pudo haber sido muy diferente de las demás, con la excepción de que estaban más cansados. ¿Por qué había planeado Dios que la muralla cayera en una vuelta concreta? Por la sencilla razón de que había llegado el momento.

Querido amigo, Dios no está cansado. Tampoco está cansado de ti. Se deleita en tus atenciones, incluso si las realizas de forma bastante parecida a como las hiciste ayer. Espera que te despiertes y tiene muchas ganas de pasar tiempo contigo. Se desilusiona si tú o yo lo ignoramos. De alguna forma, en su esencia de autoexistencia y en su omnisciencia, su conocimiento anticipado de las cosas no le quita sus emociones. Ríe cuando te deleitas en Él. Escucha cuando le hablas. Te honra cuando perseveras en Él. En todos los cambios que está haciendo contigo y conmigo se alegra en las pocas cosas que son repeticiones benditas.

Permanezcamos fieles. "No nos cansemos de hacer el bien, porque a su debido tiempo cosecharemos si no nos damos por vencidos" (Gál. 6:9).

"NUNCA ANTES NI DESPUÉS HA HABIDO UN DÍA COMO AQUÉL..."

JOSUÉ 10:14

For the Lord your God is bringing you into a good land, a land of brooks of water,
of fountains and springs, flowing forth in valleys and hills;
a land of wheat and barley, of vines and fig trees and pomegranates, a land of
olive oil and honey; a land where you will eat food without scarcity, in which you will not
anything; a land whose [illegible] hills you can dig copper.
When you have eaten [illegible] God for the good land
which He has given [illegible] the Lord your God by
keeping His commandments [illegible] statutes which I am comman[ding]
you today; otherwise, when [illegible] and have built good houses
and lived in them, and when your herds and your flocks multiply, and your silver and gold
multiply, and all that you have multiplies, then your heart will become proud and you
will forget the Lord your God who brought you out from the land of Egypt, out of the
house of slavery. He led you through the great and terrible wilderness, fiery serpents and
scorpions and thirsty ground where there was no water; He brought water for you
out of the rock of flint. In the wilderness He fed you manna which your fathers did not
know, that He might humble you and that He might test you, to do good for you in the end.
Otherwise, you may say in your heart, 'My power and the strength of my
hand made me this wealth.' But you shall remember the Lord your God, for it is He who is giving
you power to make wealth, that He may confirm His covenant which He swore
to your fathers, as it is this day. It shall come about if you ever forget
the Lord your God and go after other gods and serve them and worship them, I testify against
you today that you will surely perish. Like the nations that the Lord makes to perish before

Capítulo 15

Creerle a Dios cuando la victoria te exige todo

Por el otro lado, a veces la vida es sumamente emocionante, y nada del día de hoy se parece al de ayer ni por asomo. Este capítulo es una decidida continuación del anterior. El capítulo 14 trató de las épocas de la vida que a veces pueden comenzar con fuegos artificiales, pero luego prosiguen y se asientan con los fundamentos cotidianos para un caminar firme en la fe. La idea básica del mensaje era perseverar cuando estemos en épocas en que todo parece igual. Este capítulo, en cambio, es sobre épocas en que se producen cambios que no queremos, por razones que no nos gustan, y daríamos lo que fuera por volver a la rutina diaria. Ven conmigo al capítulo 10 del libro de Josué.

> Adonisédec, rey de Jerusalén, se enteró de que Josué había tomado la ciudad de Hai y la había destruido completamente, pues Josué hizo con Hai y su rey lo mismo que había hecho con Jericó y su rey. Adonisédec también supo que los

habitantes de Gabaón habían hecho un tratado de ayuda mutua con los israelitas y se habían quedado a vivir con ellos. Esto, por supuesto, alarmó grandemente a Adonisédec y a su gente, porque Gabaón era más importante y más grande que la ciudad de Hai; era tan grande como las capitales reales, y tenía un ejército poderoso.

Por eso Adonisédec envió un mensaje a los siguientes reyes: Hohán de Hebrón, Pirán de Jarmut, Jafía de Laquis, y Debir de Eglón. El mensaje decía: "Únanse a mí y conquistemos a Gabaón, porque ha hecho un tratado de ayuda mutua con Josué y los israelitas".

Entonces los cinco reyes amorreos de Jerusalén, Hebrón, Jarmut, Laquis y Eglón se unieron y marcharon con sus ejércitos para acampar frente a Gabaón y atacarla.

Los gabaonitas, por su parte, enviaron el siguiente mensaje a Josué, que estaba en Guilgal: "No abandone usted a estos siervos suyos. ¡Venga de inmediato y sálvenos! Necesitamos su ayuda, porque todos los reyes amorreos de la región montañosa se han aliado contra nosotros".

Josué salió de Guilgal con todo su ejército, acompañados de su comando especial. Y el SEÑOR le dijo a Josué: "No tiembles ante ellos, pues yo te los entrego; ninguno de ellos podrá resistirte".

Después de marchar toda la noche desde Guilgal, Josué los atacó por sorpresa. A su vez, el SEÑOR llenó de pánico a los amorreos ante la presencia del ejército israelita, y este les infligió una tremenda derrota en Gabaón. A los que huyeron los persiguieron por el camino de Bet Jorón, y acabaron con ellos por toda la vía que va a Azeca y Maquedá. Mientras los amorreos huían de Israel, entre Bet Jorón y Azeca, el SEÑOR mandó del cielo una tremenda granizada que mató a más gente de la que el ejército israelita había matado a filo de espada.

Ese día en que el SEÑOR entregó a los amorreos en manos de los israelitas, Josué le dijo al SEÑOR en presencia de todo el pueblo:

"Sol, detente en Gabaón,
luna, párate sobre Ayalón".
El sol se detuvo
y la luna se paró,
hasta que Israel
se vengó de sus adversarios.

Esto está escrito en el libro de Jaser. Y, en efecto, el sol se detuvo en el cenit y no se movió de allí por casi un día entero. Nunca antes ni después ha habido un día como aquel; fue el día en que el SEÑOR obedeció la orden de un ser humano. ¡No cabe duda de que el SEÑOR estaba peleando por Israel! (Jos. 10:1–14).

Si llevas muchos años caminando con Dios, probablemente te habrás dado cuenta de que lo que Él requiere de nosotros para que vivamos victoriosamente puede cambiar mucho de una época a otra. Fíjate en estas situaciones típicas:

- A veces, en nuestros desafíos, nos dirige a un simple "Quédense quietos, reconozcan que yo soy Dios" (Sal. 46:10). Dicho con otras palabras: "Sigue con tus fundamentos de cada día, quédate en calma y confía en que yo tengo el control total de las cosas. No quiero que te involucres en este asunto. Lo único que quiero es que dejes que yo me haga cargo".

- Otras veces parece decirnos: "Mantengan sus posiciones, que hoy mismo serán testigos de la salvación que el SEÑOR realizará en favor de ustedes... el SEÑOR presentará batalla por ustedes" (Ex. 14:13–14). Dicho con otras palabras: "Sigue tranquilo, sabiendo que yo soy Dios, pero ponte en posición de vigilancia". En esta orden veo un mayor sentido de estar alerta, bastante parecido al de Efesios 6:13 que nos dice que nos pongamos "toda la armadura de Dios" y habiendo hecho eso, "[estemos] firmes".

- Pero puede haber otras veces en que nos parezca que Dios nos dice: "Quiero verte esgrimir la espada del Espíritu y usar tus armas de guerra". Por supuesto, somos llamados a estar constantemente en la Palabra de Dios, pero no siempre tenemos la sensación de estar ante una oposición satánica activa. En esta categoría Dios llama a los reservistas a un deber activo elevado para destruir "argumentos y toda altivez que se levanta contra el conocimiento de Dios" (2 Cor. 10:5). Si Dios nos manda participar activamente en la lucha, y nos limitamos a quedarnos quietos y a observar

—como hicimos en otras ocasiones— el maligno si puede nos matará.

- Y también existen épocas como las que vamos a estudiar en este capítulo, épocas en que Dios nos exige todo lo que tengamos. Parece que nos está diciendo: "Te tengo guardada una gran victoria, pero si la quieres tendrás que darme todo. Quiero el ciento por ciento. Esta época se llevará todo tu enfoque, y tú vivirás literalmente de mis fuerzas". Igual que en el ejemplo anterior, esta época involucra armamento, pero esta vez no baja el calor. En estas épocas sientes que tu vida, o la de alguna otra persona, dependen de ello. En épocas así no podemos ni pensar en el día siguiente, porque no tenemos ni idea de cómo vamos a sobrevivir la batalla de hoy.

Es cuando la victoria nos lo exige todo. De eso trata este mensaje. Fíjate en varios elementos que se aplican a la batalla de Josué 10.

Considera los desafíos físicos. Las probabilidades eran de cinco contra uno: un ejército de israelitas, cinco ejércitos de cananeos. Los israelitas tuvieron que dar un paso de fe y acometer la batalla antes de haber recibido ninguna palabra de Dios en cuanto al resultado (v. 7). La humillante forma en que perdieron en Hai (Jos. 7), en la mente de todos, esfumó el lujo de pensar que batalla peleada era batalla ganada. Las Escrituras nos dicen que anduvieron toda una noche, y la geografía nos dice que tuvieron una batalla "cuesta arriba": más de mil metros en terreno pendiente, y sin haber dormido la noche anterior.

Gracias a Dios, en cierto punto del proceso Josué recibió una palabra de Dios, indicándole que Él les daría la victoria, pero no llegues a la errónea conclusión de que los israelitas podían quedarse retraídos y limitarse a observar. Este no era un momento de "quedarse quietos". Ni de "mantener las posiciones". Era un momento de "esgrimir la espada", pero la implacable orden lo coloca en la cuarta categoría. Se trataba de un momento "ciento por ciento/todo lo que tienes". Dios les otorgó una victoria increíble, pero me atrevería a sugerir que en el proceso les exigió toda la energía que tenían, toda su cooperación. Josué no pidió que se detuviera el sol porque sí. Necesitaba que el sol siguiera en el cielo porque estaba pasando el tiempo y el enemigo aún no había sido conquistado.

Dios podría haberles entregado el enemigo rápidamente, o hacer que al fin y al cabo cayera muerto en seco. En vez de eso le permitió a Josué discernir que iba a necesitar más tiempo (v. 13). Así que ya ves, Dios les dio la batalla a los israelitas, pero exigió su participación hasta el punto de no dormir, de toda una noche marchando arduamente, y de un día de fiera batalla, y solo para ver que el enemigo aún no había sido derrotado. La oscuridad habría sido un golpe serio contra ellos en una tierra desconocida, de ahí la oración de Josué.

Por muy tentados que nos sintamos a idealizar escenas como esta, en realidad los vencedores se empaparon en sudor en ese campo de batalla y lograron la victoria con un olor corporal fuerte. Me atrevería a sugerir que algunos de los esfuerzos más aventureros que tú vayas a tener con Dios puede que sean demasiado difíciles para disfrutarlos en el momento, y cuando llegue la hora de la fiesta, a lo mejor hueles demasiado mal como para ir. Pero después de una ducha y de volver la vista atrás... Hablaremos de eso más tarde.

Y como si los desafíos físicos no fueran suficientes, *considera los desafíos psicológicos.* Si lees el relato con atención te darás cuenta de que los gabaonitas fueron quienes instaron a Josué y a los israelitas a esta batalla. El trasfondo de la asociación es clave para comprender bien la dureza mental de la batalla. En Josué 9 vemos que los gabaonitas engañaron a los israelitas y los llevaron a hacer un tratado de paz con ellos. El pueblo de Dios tenía prohibido pactar con los pueblos cananeos vecinos, así que los gabaonitas se disfrazaron y camuflaron sus provisiones para que pareciera que venían de lejos. Como todo parecía legítimo, los israelitas no se molestaron en preguntarle al Señor (9:14). En vez de eso, siguieron adelante con el tratado. Resulta interesante constatar que los israelitas no le consultaron al Señor, pero invocaron Su nombre cuando hicieron un juramento apresurado con los gabaonitas (9:18). Al hacerlo, se ligaron permanentemente a ellos.

Piensa en todas las oportunidades que tenían los israelitas de perder psicológicamente esta batalla. Podrían haber estado preocupados por lo menos con tres negativas:

- *Qué injusto era.* No sé si alguna vez has librado una batalla especialmente difícil, y que tú no provocaste. ¿Una enfermedad? ¿Un despido? ¿La muerte repentina de un ser amado? ¿El incendio de una casa? ¿Tus acciones bajan de repente? Hay un buen número de situaciones que pueden surgir, que ni tú ni yo causamos, y sin embargo nos vemos obligados a tratar con ellas a largo plazo y a marchas forzadas. Algunas de las épocas más difíciles y que más exigen de nuestras vidas van a parecer totalmente injustas. Podemos invertir tanta energía quejándonos ante la injusticia de nuestra situación que ya no nos queda nada que invertir en la verdadera lucha.

• *De quién era la culpa.* Este desafío psicológico va un paso más allá que la injusticia porque ofrece el elemento de culpa. ¿Alguna vez has terminado peleando la batalla de tu vida, batalla en la que te metió otra persona? ¿Quizá tu cónyuge se marchó y te dejó para criar a tres adolescentes difíciles... que por error te echaron la culpa a ti en vez de a tu cónyuge? ¿Quizá un socio en los negocios tomó una decisión que dejó a la empresa prácticamente en bancarrota? ¿Uno de tus padres murió, y se negó a resolver un conflicto contigo? ¿ Un conductor borracho chocó con tu auto y te dejó una secuela física? O, al igual que a los israelitas, ¿te engañó alguien, involucrándote en algo que tendría terribles consecuencias? ¿Te traicionó alguien en quien confiabas, dejándote con un caos terrible? A medida que los israelitas caminaban con dificultad en ese terreno empinado, faltos de sueño y luchaban hasta que las manos se les pegaron a la espada, ¿no crees que se les ocurriría pensar "los gabaonitas nos han engañado. Esta batalla es culpa suya. ¡Tienen que pagar por esto!"? El juego de la culpa tiene pocos competidores.

No es solo que los israelitas podrían haberse preocupado de lo injusto que era y de que ellos no tenían la culpa. También podrían haber contemplado su propio reflejo en un charco y haber pensado...

• *Qué estúpidos eran.* Oh, este es uno bueno. ¿No crees que los israelitas se podrían haber arrojado desde Guilgal al mar Muerto por su falta de discernimiento y por no haberle preguntado al Señor? ¿A que tú y yo hemos hecho lo mismo? ¿Qué pasa cuando tú tienes alguien a quien echarle la culpa, y ese alguien eres tú? Me acuerdo de haberme encontrado en el lío más grande de mi vida adulta por autoconvencerme de librarme de un sentimiento insistente de que cierta situación estaba fuera de mi alcance. Me acuerdo como si fuera ayer de golpearme la cabeza (duramente), gimoteando: "¡Qué tonta eres! ¿Cómo has podido ser tan tonta?" Tengo un amigo que es bastante divertido y dice: "El pecado se puede perdonar, pero la estupidez es para siempre". Eso es lo que sentimos a veces. Por desgracia, tuve que enfrentarme a una porción doble de pecado y estupidez.

Todas estas predisposiciones son invitaciones escritas a que la amargura se grabe en un corazón endurecido. ¿Cuántas veces perdemos la batalla contra nuestra propia amargura en vez de contra nuestra oposición? No te equivoques. La especialidad de Satanás es la guerra psicológica. Si consigue que nos volvamos contra Dios ("¡No es justo!"), contra otros ("¡Es culpa suya!"), o contra nosotros mismos ("¡Qué estúpido soy!"), no nos volveremos hacia Él. Si seguimos luchando en nuestro interior y perdiendo nuestras propias batallas internas, nunca tendremos fuerzas para levantarnos y luchar contra nuestro verdadero enemigo.

Josué 10:10 nos dice que Dios le permitió a Israel derrotar los cinco reinos "en una tremenda derrota en Gabaón". La mejor forma de traducir al castellano el hebreo para "tremenda derrota" es "gran herida". Querido amigo: Dios no quiere simplemente que nos defendamos en épocas duras de batalla, sino que también quiere que hiramos el reino de la oscuridad. Satanás sabe que "el que está en ustedes es más poderoso que el que está en el mundo" (1 Juan 4:4). Cifra su esperanza en que tú no lo sepas.

Keith y yo hicimos nuestro un dicho hace muchos años, mientras veíamos una de las películas *Rocky*. Estábamos viendo en la pantalla que Apollo Creed le aporreaba la cara al pobre Rocky, sin que este le devolviera un solo golpe. Keith se inclinó hacia mí y dijo: "Ese es el viejo truco de dejarle que te golpee en la cara hasta que se canse". Desde entonces, a muchas situaciones las hemos catalogado con el nombre de ese truco. Algunos de nosotros pensamos que con quedarnos ahí parados y dejar a Satanás golpearnos el tiempo suficiente, él se cansará. ¡Él no se cansa! ¡Devuélvele los golpes, por amor de Dios!

Tenemos que librar una batalla, y Dios quiere que hagamos mella en las mismísimas puertas del infierno. Hace falta energía para pelear la buena batalla de la fe. Y también para la autocompasión, el enojo, la falta de perdón y para odiarse a uno mismo. Todos nosotros tenemos que decidir en qué vamos a emplear nuestra energía cuando la batalla se ponga seria.

Solamente Dios nos puede dar la dosis diaria de gracia para no amargarnos en una batalla a largo plazo (Heb. 12:15). Satanás hará todo lo que esté en su mano para impedir que recibamos la gracia que extiende Dios. Uno de sus métodos principales es tratar de convencernos de que Dios nos niega su ayuda *después del hecho* si no se la pedimos *antes del hecho.* Quiere que creamos que Dios está sentado en su trono, bufando: "Tú te metiste solito en este lío. Sácate tú mismo de ahí". Querido amigo, te aseguro de que algunas de las cosas más asombrosas que Dios ha hecho por mí han resultado de las cosas más horribles que yo me he hecho a mí misma.

Sean cuales sean las circunstancias que nos llevaron a nuestras batallas más feroces, sean culpa de alguna otra persona, culpa nuestra, fruto de la injusticia de la vida, tener a Dios como Padre nos garantiza esta esperanza: un montaje perfecto para una derrota catastrófica también es un montaje perfecto para una victoria milagrosa. No importa cómo nos hayamos metido en un lío, lo único que tenemos que hacer es seguir creyendo que...

Dios es quien Él dice ser.
Dios puede hacer lo que Él dice que puede hacer.
Yo soy quien Dios dice que soy.
Todo lo puedo en Cristo.
La Palabra de Dios está viva y activa en mí.

Quienes decidan preocuparse de creer a Dios por encima de sus propias emociones negativas descubrirán más tarde o más temprano lo que descubrió Josué:

¡A Dios le encantan las oraciones grandes! ¿Qué le pasaría por la mente a Josué para pedir que se parara el tiempo? ¿Cómo se le llegó a ocurrir eso? Y, por amor del cielo, ¿por qué asumió el riesgo de quedar como un tonto por haberlo pedido "en presencia de todo el pueblo" (Jos. 10:12)?

Me asombra la valentía de Josué al atreverse a pedir algo que literalmente nunca había pasado antes. Posteriormente Dios interrumpiría el tiempo para Ezequías, pero Josué nunca había oído algo así. Le bastaba con saber que Dios podía hacerlo, y calculó que entonces podría pedírselo. Josué tenía la mentalidad de Jeremías 32:17:

"¡Ah, SEÑOR, mi Dios! Tú, con tu gran fuerza y tu brazo poderoso, has hecho los cielos y la tierra. Para ti no hay nada imposible".

A ti y a mí nos vendría bien tener la misma mentalidad. Quizá nos la podamos contagiar de Josué, pues estoy bastante segura de que él se la contagió de Moisés. ¿Te acuerdas de cuando Dios hizo que todo su esplendor pasara delante de Moisés, y lo escondió en la hendidura de una roca mientras pasaba con Su gloria? (Ex. 33:19–23). El encuentro de Moisés con Dios en esa escena no tiene parangón en las Escrituras. ¿Por qué llegó Moisés a experimentar algo así? Quizá porque tuvo las suficientes agallas como para pedírselo. Le presentó a Dios su petición con las palabras "Déjame verte en todo tu esplendor" (Ex. 33:18).

Dios se gloría en oraciones grandes de gente con un gran Dios. No con un gran ego. Si, como Moisés, nuestro principal deseo es que Dios muestre su gloria, Dios puede gozarse en darnos una vislumbre especial en el proceso. Josué también puso la vista en la gloria de Dios. Él entendió que la razón de ser de todas las victorias en la Tierra Prometida era la fama de un único Dios verdadero ante los politeístas cananeos. Después del desastre de Hai y de perspectivas de derrota, le dijo a Dios: "¿Qué será de tu gran prestigio?" (Jos. 7:9). En Josué 10, cuando lideró el ejército de Israel contra cinco reinos, sabía que Dios le iba a entregar el enemigo en sus manos por el bien de su nombre; por tanto, a medida que se iba apagando la luz del día, y con el enemigo todavía en pie, tuvo las suficientes agallas de pedirle a Dios un milagro asombroso para lograr Su voluntad. Dios está dispuesto a interrumpir las mismísimas leyes de la naturaleza para llevar a cabo su voluntad. ¡Cuenta con ello!

Cuando estemos en dicha situación no debemos subestimar jamás el lugar que tiene la humildad en el poder de la oración. Mi marido es la persona menos pretensiosa que conozco, y por esa misma razón durante los primeros años de nuestro matrimonio, se sintió elegido por Dios para señalar toda pretensión que viera en mí. Nunca ha pensado gran cosa de sí mismo, pero su Dios es bastante grande. A lo largo del camino, Keith ha luchado un montón con la constancia, y estoy bastante segura de que se considera el menos espiritual y el de menos fe de nuestra familia. Te aseguro que eso no es verdad, pero, como te digo, nunca ha pensado gran cosa de sí mismo.

Ayer por la mañana cayó de repente una tonelada de agua en nuestra zona de Houston. En cuestión de minutos, el agua se nos coló por el techo y se alzó a unos dos centímetros de nuestra puerta trasera. El ruido que hacía en el tejado era ensordecedor. Yo llegué casi al pánico, agarré a Keith del brazo y lo llevé a la puerta trasera. Él la abrió, miró un momento el agua, levantó el brazo derecho, y dijo: "Extiende tu mano poderosa, oh Dios, y detén el agua". Al instante (no me refiero a varios segundos después) cesó el rugido, el torrente se convirtió en unos cuantos chorritos finales, y la lluvia cesó. (¿Dónde estaba Keith aquella noche tan espeluznante de OneDay?) Yo me quedé con la boca abierta. Él se volvió y me miró con tal gesto de susto que cada vez que me acuerdo me río en voz alta. Y también creo que a Dios le dio risa. Varias horas más tarde contesté el teléfono en el trabajo, y mi marido musitó: "¿¡No te pareció escalofriante!?"

Amado amigo, deja de creer que los otros son más espirituales que tú, y limítate a creer en Dios.

Estoy convencida de que si yo hubiera pedido lo mismo, Dios probablemente no lo habría hecho... o por lo menos no tan espectacularmente. Llevo seis años viendo muchos muestrarios de intervenciones milagrosas, y, aunque habría sido realmente bendecida y me habría venido bastante bien que Dios detuviera la lluvia, mi fe no necesitaba esa sacudida en aquel entonces. La de Keith sí. Mi marido necesita saber que Dios está tan dispuesto a trabajar en su vida y en su entorno tanto como en la de su esposa, y últimamente Dios se ha ido a extremos para mostrárselo. Amado amigo, deja de creer que los otros son más espirituales que tú, y limítate a creerle a Dios. Dios no está buscando "gigantes espirituales". Estos en cierto modo bloquean la noción de Dios del laico. Dios está buscando creyentes que crean en los cambios.

Voy a rectificar algo antes de pasar al siguiente punto. Dios se puede deleitar en nuestro aplomo para formular grandes oraciones, sin que necesariamente nos vaya a dar lo que pidamos. Te lo voy a volver a decir de otra forma: Dios le puede decir sí al núcleo de nuestra oración, pero sin decirle sí a la petición de nuestra oración. Dios siempre honra las grandes oraciones que provienen de un ego pequeño con un Dios grande. Le dará su aprobación al que pide, incluso si por la razón que sea no aprueba la petición. Como ya afirmé al principio de este libro, creo que la fe siempre le agrada a Dios (Heb. 11:6), incluso si induce a una petición fuera de lugar. Estoy convencida de que a Dios le agrada más que creamos en Él lo suficiente como para pedirle cientos de cosas enormes, aunque las conceda solo en parte, que creer solo que hará unas pocas cosas, y conseguir todo lo que le pedimos. Todos erramos de muchas formas. Que no sea en la fe.

Con Josué no solo descubriremos que a Dios le encantan las grandes oraciones. Descubriremos que *cuando Dios exige el ciento por ciento, quizá nos devuelva cien veces más.* Quizá estés esperando que lleguemos a la parte de la historia de Josué cuando Dios hizo caer granizos enormes del cielo que mataron a más cananeos que las espadas de los israelitas. ¿Te imaginas a Josué llamando más tarde a Caleb por el celular y diciéndole:

"¡¿No te pareció escalofriante?¡"

No creo que lleguemos a ver una situación en la Tierra Prometida cuando Dios exigiera más sudor y energía de Josué y los israelitas de lo que lo hizo en Josué 10.

Granizo del cielo.

Un reloj parado.

¡Obras enormes de Dios! Josué 10:14 dice: "Nunca antes ni después ha habido un día como aquél". Querido amigo: cuando Dios exige mucho, Él hará aún más. Dios es fiel. Tú nunca llegarás a invertir más en Él que Él en ti. La Palabra de Dios nos dice que a quien mucho se le da, mucho se le exige (Luc. 12:48), pero yo también estoy convencida de que a quien mucho se le exige, seguro que también se le da mucho.

Tarde o temprano.

De una forma o de otra.

Una mansión por un grano de mostaza.

Un reino para un pobre.

Al depósito espiritual te puedes llevar esto: la vida no es justa. Y la "culpa" la tiene Jesucristo. "De su plenitud todos hemos recibido gracia sobre gracia" (Juan 1:16). ¡No me perdería eso por nada del mundo!

Dios le puede decir sí al núcleo de nuestra oración,
pero sin decirle sí a la petición de nuestra oración.

Una cosa más cuando la victoria te exige todo. A veces, Dios exige tanto de nosotros simplemente para que podamos disfrutar el gozo sin par de compartir el triunfo divino. Por muy mal que olieran al final de la batalla, ¿te imaginas a un solo israelita del ejército de Josué diciendo "Mejor me habría quedado en casa. Jamás conseguiré quitar las manchas de este manto ni arreglar la correa de esta sandalia". ¡Ni hablar! ¡Seguro que hablaron de esa batalla en su lecho de muerte! Sus nietos los escuchaban embelesados mientras ellos les contaban todos los detalles: los gabaonitas disfrazados, el engaño cuando le pidieron ayuda sin tener por qué, la marcha de toda una noche, la batalla, el granizo, el sol detenido sobre Gabaón, y la luna sobre el valle de Ayalón. Nunca había habido un día así. Y no se lo habrían perdido por nada del mundo.

Dios tiene tantas cosas para ti, querido amigo. Y, sí, habrá épocas en que te exigirá tanto que te parecerá no poder soportarlo. Tienes que tomar una decisión. No tienes por qué hacerlo a su manera. Puedes decidirte por la amargura, el resentimiento, la carnalidad o la mediocridad, o puedes lanzarte a ello. Con todas tus fuerzas. Puedes disfrutar del estímulo sin igual de compartir un triunfo divino. Es mucho lo que está en juego. El costo es alto. Pero te prometo una cosa: no hay nada tan alto como el Altísimo.

No te lo pierdas por nada del mundo.

"Aplaudan, pueblos todos; aclamen a Dios con gritos de alegría. ¡Cuán imponente es el SEÑOR Altísimo, el gran rey de toda la tierra!" (Sal. 47:1–2).

For the Lord your God is bringing you into a good land, a land of brooks of water,

of fountains and springs, flowing forth in valleys and hills;

a land of wheat and barley, of vines and fig trees and pomegranates, a land of

olive oil and honey; a land where you will eat food without scarcity, in which you will not

anything; a land whose [illegible] *hills you can dig copper.*

When you have eaten [illegible] *God for the good land*

which He has given [illegible] *the Lord your God by*

keeping His commandments [illegible] *statutes which I am commanding*

you today; otherwise, when [illegible] *and have built good houses*

and lived in them, and when your herds and your flocks multiply, and your silver and gold

"Lo que vale es la fe que actúa
mediante el amor."

multiply, and all that you have multiplies, then your heart will become proud and you

will forget the Lord your God who brought you out from the land of Egypt, out of the

Gálatas 5:6

house of slavery. He led you through the great and terrible wilderness, fiery serpents and

scorpions and thirsty ground where there was no water; He brought water for you

out of the rock of flint. In the wilderness He fed you manna which your fathers did not

know, that He might humble you and that He might test you, to do good for you in the end.

Otherwise, you may say in your heart, 'My power and the strength of my

hand made me this wealth.' But you shall remember the Lord your God, for it is He who is giving

you power to make wealth, that He may confirm His covenant which He swore

to your fathers, as it is this day. It shall come about if you ever forget

the Lord your God and go after other gods and serve them and worship them, I testify against

you today that you will surely perish. Like the nations that the Lord makes to perish before

Capítulo 16

Creerle a Dios para amar

Sabiendo que nuestro tiempo juntos está llegando rápidamente al final, de alguna forma siento lo mismo que cuando dejé a mi primera hija en la universidad y luché por decir alguna última cosa de suma importancia. Dios le dio tanta prioridad al hecho de creerle a Él que parece imposible anteponer ciertas prácticas de fe a otras. Pero para el apóstol Pablo, bajo la inspiración del Espíritu Santo, una práctica de fe estaba en la cima. Escribió: "lo que vale es la fe que actúa mediante el amor" (Gál. 5:6).

Al principio de nuestro viaje comentamos que la fe es la invitación favorita de Dios a hacer posible lo imposible. Él se glorifica grandemente cuando a todos se nos permite hacer algo... lo que somos incapaces de hacer. No se me ocurre nada que vaya más allá de nuestras capacidades que amar a quien no queremos amar y amar a quien ni siquiera nos gusta.

Si colocamos 2 Corintios 5:7 (que dice que vivimos por fe, no por vista) junto a Gálatas 5:6, creo que podemos encontrar dos desafíos para la vida que, si los aceptamos, nos catapultan a un sendero infinitamente más alto que el estado intermedio de mediocridad de este mundo:

Vivimos por fe. Amamos por fe.

Aunque a lo largo de todo el Nuevo Testamento se nos llama repetidamente a amar, Efesios 5:1–2 es donde mejor se presenta como estilo de vida: "Por tanto, imiten a Dios, como hijos muy amados, y lleven una vida de amor, así como Cristo nos amó y se entregó por nosotros como ofrenda y sacrificio fragante para Dios".

Aquel que nos adoptó en su familia real nos ha llamado a vivir de acuerdo a nuestro legado. Se nos ha llamado literalmente a *vivir el amor.* ¿Es una idea confusa? Vuelve a leer el versículo. La misma naturaleza del amor es sacrificial. De hecho, si en nuestra situación actual no estamos sintiendo la presión y el sacrificio de amar, probablemente estemos optando por un sustituto humano, parcial, sumamente selecto y egocéntrico.

No solo se nos ha llamado a vivir un amor sacrificado, sino que en ciertas situaciones quizá también tengamos que emplear indecibles esfuerzos y sacrificios *durante años* — o tal vez por el resto de nuestras vidas— sin ver aparentemente ningún fruto. Dios nos ha llamado a amar incluso cuando...

- no queremos hacerlo.
- no tenemos ganas.
- no obtenemos nada obvio a cambio.
- ellos no se lo merecen.
- ellos no son dignos.
- ni siquiera lo saben.
- no va a cambiar nada.

Si Dios no nos confronta a amar a alguien en esta etapa de nuestras vidas que haga salir a flote muchos de esos sentimientos en nosotros, será que no estamos saliendo lo suficiente. Pero te advierto que amar de forma sacrificial *no significa* aceptar abusos indecibles. Dios no nos llama a sacrificar nuestra cordura. Nos llama a sacrificar nuestro egoísmo. Si los límites no están claros, el único consejo que te puedo dar es que busques consejería cristiana y fiable, igual que lo hice yo.

Vivimos por fe. Amamos por fe.

Quizá te alivie saber que podemos amar sin sentir siempre algo cálido y confortable. Una de las dimensiones características de *ágape*, la palabra griega que más se suele traducir por *amor* en el Nuevo Testamento, es la participación activa de la voluntad. Dicho con otras palabras: el amor *ágape* no se ejerce solo cuando a uno le entran ganas. Se ejerce cuando decidimos extender el amor de Dios (que con frecuencia es sacrificial) como acto de nuestra voluntad. A veces nuestra única motivación es obedecerlo. Si estamos dispuestos a eso, se nos dice sucintamente en 1 Corintios 13:8 que *el amor jamás se extingue.*

Se me hace un nudo en la garganta al mirar esas palabras porque durante años yo quise discutir contra esa idea: "¡Sí que se extingue! ¡Por lo menos el mío!" Por muy pobres y desencaminados que fueran a veces mis intentos, traté con todas mis fuerzas de amar totalmente a un niñito durante siete años, y sentí haber fallado. Eso fue por no haber entendido lo que significaba la promesa. Yo creía que significaba que el amor traería exactamente el resultado que yo quería y por el que había orado. Lo que la palabra *extinguirse* de verdad refleja es algo que se cae al suelo y por tanto deja de tener efecto. Ahora entiendo mejor el concepto, y por eso me atrevo a hacerte una osada promesa bíblica: Querido amigo, si tú amas de verdad, con las dificultades y sacrificios que eso conlleva, Dios se da cuenta aunque nadie más lo haga. Nunca se cae al suelo.

Nunca. Ni una sola vez. Jamás. Según el Libro de la Verdad, somos incapaces de amar en vano en el nombre de Jesús y por el bien de su legado sacrificial. El amor no se extingue en absoluto. Cada uno de nosotros tiene que decidir si va a creerle a la Palabra de Dios o a sus propios ojos y emociones. Aquí es donde entra en escena el amor por fe. Tenemos que saber que todos los esfuerzos de amar en forma sacrificial nunca se extinguen ni dejan de...

- obtener la atención prioritaria de Dios (Mar. 12:28–30).
- ser recompensados al final de forma segura.
- ejercer un profundo efecto, bien en la otra persona, en las circunstancias o en nosotros. (Y quizá incluso en Dios. ¿Te has parado a pensar alguna vez que cuando incurrió en el riesgo de amarnos, también incurrió en el riesgo de que le afectáramos?)

Los ojos se me siguen llenando de lágrimas por no obtener los resultados que yo quería de lo que me pareció que fue un profundo ejercicio de amor durante siete años, pero el consuelo de mi alma es saber que nada de ese obrar cayó al suelo. Está en las manos de Dios. Tú también tienes que saberlo.

Amar por fe. Amar a nuestros enemigos por fe. Amar a nuestros vecinos por fe. Amar a nuestros hermanos creyentes por fe. Amar a los miembros de nuestra familia por fe. Amar a nuestro cónyuge por fe. Amar a nuestra familia política por fe. Amar a un adolescente rebelde por fe. Amar a quien nos ha traicionado por fe. Amar a un padre o a una madre malhumorados y amargados por fe. *Amar por fe.* No solo por sentimientos.

El amor no es un don del Espíritu, pues si fuera así todos podríamos decir que no tenemos esa unción concreta. No, el amor es un llamamiento supremo y prioritario: el fruto del Espíritu de Cristo dentro de nosotros que sale a flote cuando estamos llenos de Él, rendidos a su autoridad (Gál. 5:22–23; Ef. 5:18). La razón principal por la que amar nos resulta tan doloroso, enervante y sin frutos es porque tratamos una y otra vez de amar con los pequeños y lastimosos recursos de nuestro propio depósito emocional. Romanos 5:5 es mi versículo favorito para orar cuando se me desafía a amar a alguien. (Es un versículo que está pidiendo a gritos ser escrito en una tarjetita.)

> "Y esta esperanza no nos defrauda, porque Dios ha derramado su amor en nuestro corazón por el Espíritu Santo que nos ha dado". –Romanos 5:5

Vivir según el amor *ágape* es un compromiso diario de la voluntad para desalojar las premisas del corazón con sus propios afectos preferenciales y convertir sus cámaras en una cantimplora de carne y hueso para el líquido amor de Dios. Sí, sigue siendo un desafío, pero ya no es el sueño imposible. Vivimos por fe. Amamos por fe. La fe y el amor son compañeros inseparables que le ofrecen su hospitalidad a la esperanza. Si perdemos nuestra fe para amar, perdemos la energía para amar. Y después perdemos nuestra esperanza.

Querido amigo: al fin de cuentas, vivimos para amar. Ahora pues permanecen estas tres virtudes: *"la fe, la esperanza y el amor. Pero la más excelente de ellas es el amor"* (1 Cor. 13:13). Esta es nuestra esperanza diaria: la fe que se expresa a sí misma por medio del amor. A veces, las consecuencias son interesantes.

"Y esta esperanza no nos defrauda, porque Dios ha derramado su amor en nuestro corazón por el Espíritu Santo que nos ha dado". —ROMANOS 5:5

Quiero advertirte de un riesgo relacional para quienes caminan, viven y aman por fe en participio activo presente. Si tú te conviertes de verdad en una persona que convierte su estilo de vida para creerle a Dios, serás más osado en tu amor por otros y en lo que estás dispuesto a creer que Dios va a hacer en tu vida. Tu fruto va a comenzar a verse, y también el poder de tu vida de oración. A lo largo del camino, la gente que te rodea será propensa a comenzar a hacerte responsable de las acciones de Dios. Créeme, he pasado por eso. Las Escrituras tienen un buen nombre para lo que tratan de hacerle algunas personas a alguien con una fe activa: falsos cristos. La gente está tan desperada por encontrar a Cristo que está dispuesta a fabricarlo y hacerlo de cualquier mortal que se le parezca vagamente.

Mi primer roce con lo que he llamado síndrome del falso cristo sucedió cuando estaba en la universidad y en la boda de una amiga. Por aquel entonces yo era la persona más espiritual que ella conocía, lo que significa que no tenía gran experiencia. Está fuera de mi alcance entender cómo llegó a sobrevivir algún testimonio cuando había tanta derrota e hipocresía. Su boda estaba programada para ser al aire libre, y ese día estaba lloviendo. Cuando yo llegué y comencé a ponerme cómoda, me llevó a un sitio aparte y gruñó: "¡Ni se te ocurra sentarte! ¡Vete allí y empieza a orar para que deje de llover!" ¡Si vieras cómo lo hice! Dios se apiadó de mí, y detuvo la lluvia, pero no quiso retirar la humedad, así que ésta se nos quedó en el pelo. Ahora me río, pero desde aquella vez me han puesto en algunas posiciones que no eran divertidas en absoluto.

Amar a la gente significa querer lo mejor para ella. Naturalmente, con frecuencia vemos lo que es mejor para otros por medio del limitado filtro de la vida terrenal. Tú y yo conocemos lo que es orar mucho para que ciertas personas sean sanadas de enfermedades físicas. Una se sana en la tierra. La otra se sana en el cielo. También hemos orado por gente que lucha por llegar a fin de mes. Uno encuentra trabajo. A veces otro pierde su casa. Hay gente que razona que Dios hace lo que quiere, y que nuestras oraciones no significan nada, pero la Verdad de la Palabra de Dios difiere totalmente. Las oraciones llenas de fe de quienes buscan un caminar santificado con Jesucristo son poderosas y efectivas (Sant. 5:16). Entonces, ¿por qué Dios a veces trae resultados tan diferentes de oraciones realizadas con la misma profundidad y fe?

- No lo sabemos.

- No tenemos que saberlo.
- Y no somos responsables de Quien sí lo sabe.
- No somos Dios. Somos sus hijos.

Por muy profundamente que deseemos amar y ayudar a la gente, tenemos que tener cuidado de no permitir que nos hagan sentir responsables de conseguir algo de Dios o de explicar sus misteriosas acciones. Si lo hacemos, les estaremos permitiendo crearse falsos cristos, habiéndolos escoltado no solo a decepciones inevitables, sino también a una idolatría que ofende a Dios. Los primeros discípulos de Jesús seguramente se vieron en esa posición muchas veces. Ellos vivieron y amaron por fe, pero recuerda que tampoco obtuvieron todo lo que pidieron. Yo creo que Dios piensa que el corazón y la mente de los mortales no pueden manejar éxitos constantes ni siquiera en términos espirituales.

Aunque también recibieron respuestas negativas que no entendían, los discípulos continuaron el resto de sus días viviendo por fe y amando por fe. Se deleitaban viendo a Dios hacer cosas asombrosas por otros, pero muchas veces añadían una rectificación que yo creo que los protegía de la ocasión siguiente. Después de que Dios usara a Pedro y a Juan para sanar a un mendigo lisiado junto a la puerta Hermosa, Pedro puso un ejemplo perfecto de una rectificación sabia:

"Pueblo de Israel, ¿por qué les sorprende lo que ha pasado? ¿Por qué nos miran como si, por nuestro propio poder o virtud, hubiéramos hecho caminar a este hombre? El Dios de Abraham, de Isaac y de Jacob, el Dios de nuestro antepasados, ha glorificado a su siervo Jesús" (Hech. 3:12-13).

Mientras vamos cerrando poco a poco este camino que hemos hecho juntos, seamos lo suficientemente sabios para recordarnos unos a otros que no debemos olvidar nunca quiénes somos y quiénes no somos. No somos Dios. Deja de intentarlo. Y deja de pedirles a otros que lo intenten. Tenemos que ser vasijas de su amor. No ser Dios mismo. Nuestra parte es creerle a Dios. Su parte es ser Dios y hacer lo que sea mejor al fin de cuentas y eternamente. Sólo Él conoce el objetivo definitivo al que alinea todo acto divino en favor de sus hijos. Todos son realmente amados. Todos han sido planeados con mucho cuidado. Dios nunca se cruza de brazos.

Al amar a otros activamente y arriesgarnos a orar grandes oraciones por ellos, cuando se nos da aquello que hemos pedido, que ni se nos ocurra atribuirnos el mérito. Si llegamos a participar en un milagro, evitemos que otros se maravillen de nosotros o nos admiren. Si nos atribuimos el mérito cuando se nos da lo que pedimos, no solo estaremos ofendiendo a Dios y engañando a su pueblo, sino que también nos pondremos en situación de ser considerados responsables cuando *no* se nos da lo que pedimos. Yo me acuerdo continuamente de una pegatina que vi una vez en el parachoques de un automóvil: *Existe un Dios. Tú no lo eres.* Vuelve a mirar las palabras de Hechos 3:12. Ninguno de nosotros posee suficiente *poder* o *piedad* como para promulgar un milagro en la vida de alguna otra persona ni en nuestro mejor día. "Una fe que se expresa por medio del amor" ya es un milagro en sí misma.

Por fe, sigue viviendo, sigue arriesgando y sigue amando. Ama a otros sin tratar de convertirte en su Dios, sino espoleando su fe en Dios. Trabaja para amar y desea amar, y si el destinatario no se entera, Dios sí.

For the Lord your God is bringing you into a good land, a land of brooks of water,

of fountains and springs, flowing forth in valleys and hills;

a land of wheat and barley, of vines and fig trees and pomegranates, a land of

olive oil and honey; a land where you will eat food without scarcity, in which you will not lack

anything; a land whose [illegible] hills you can dig copper.

When you have eaten [illegible] for the good land

which He [illegible] the Lord your God by

keeping His commandments [illegible] statutes which I am commanding

you today; otherwise, when [illegible] and have built good houses

and lived in them, and when your herds and your flocks multiply, and your silver and gold

"El Señor no ha dejado de ayudarnos."

multiply, and all that you have multiplies, then your heart will become proud and you

1 Samuel 7:12

will forget the Lord your God who brought you out from the land of Egypt, out of the

house of slavery. He led you through the great and terrible wilderness, fiery serpents and

scorpions and thirsty ground where there was no water; He brought water for you

out of the rock of flint. In the wilderness He fed you manna which your fathers did not

know, that He might humble you and that He might test you, to do good for you in the end.

Otherwise, you may say in your heart, 'My power and the strength of my

hand made me this wealth.' But you shall remember the Lord your God, for it is He who is giving

you power to make wealth, that He may confirm His covenant which He swore

to your fathers, as it is this day. It shall come about if you ever forget

the Lord your God and go after other gods and serve them and worship them, I testify against

you today that you will surely perish. Like the nations that the Lord makes to perish before you

Capítulo 17

Creerle a Dios para siempre

Hemos llegado al lugar de nuestro camino de fe en que nuestros pasos se separan. Todas las semanas en mi iglesia nos despedimos para nuestros distintos caminos de fe con una bendición musical. Mientras tú y yo caminábamos por las páginas de este viaje de fe, me danzaban en la mente las notas de una canción que canta el incomparable Rich Mullins. Creo que resulta bastante apropiada como bendición final para nosotros, así que voy a celebrar la letra contigo. A propósito, en caso de que no conozcas esta canción, de que no hayas escuchado a Rich Mullins, ya fallecido, has de saber que tú analizas sus canciones mientras ellas te analizan a ti. Así que demórate un poco aquí.

Creo en Dios Padre,
poderoso Hacedor del Cielo y Hacedor de la Tierra,
y en Jesucristo, su único Hijo, nuestro Señor,
que fue concebido por el Espíritu Santo,

nacido de la virgen María,
padeció bajo Poncio Pilato,
fue crucificado, muerto y sepultado.

Y creo que lo que creo
es lo que me hace lo que soy.
Yo no lo hice,
ni ello me está haciendo a mí.
Es la pura verdad de Dios,
y no invención humana.

Creo que Quien sufrió,
fue crucificado, muerto y sepultado,
descendió a los infiernos, y al tercer día,
resucitó,
ascendió al cielo,
donde está sentado a la diestra de Dios.
Creo que volverá
para juzgar a los vivos y a los muertos
de entre los hijos de los hombres.

Creo en Dios Padre,
poderoso Hacedor del Cielo y Hacedor de la Tierra,
y en Jesucristo, su Hijo unigénito, nuestro Señor.
Creo en el Espíritu Santo,

en una única santa iglesia,
en la comunión de los santos,
en el perdón de los pecados.
Creo en la resurrección.
Creo en la vida eterna.

Y creo que lo que creo
es lo que me hace lo que soy.
Yo no lo hice,
ni ello me está haciendo a mí.
Es la pura verdad de Dios
y no invención humana.[11]

Credo. Rich Mullins sabía que Dios hizo un hombre *que era*, pero cuánto creía ese hombre lo que Dios había dicho de muchas formas le hizo *lo que era.* Mi deseo en este momento es contemplar la belleza de sus palabras. Ojalá no la dejáramos pasar, analizando doctrinalmente su significado exacto. Como personas que han emprendido juntas este viaje de fe fresca, sentémonos aquí y reflexionemos un momento, asimilemos el significado y asintamos. Hemos afirmado los mismos conceptos quizá de cien formas diferentes a lo largo de los 16 capítulos anteriores. Dicho de forma más concisa, *creerle a Dios es lo que cierra la brecha entre nuestra teología y nuestra realidad.* Quizá lo que creemos no nos convierte tanto en *lo que* somos, sino en *cómo* somos. Indudablemente, cómo nos va en algún momento dado de nuestro caminar espiritual dependerá de a quién le creemos y qué creemos.

Yo no lo hice, ni ello me está haciendo a mí.

Mucho antes de que estuviera programado que Rich Mullins llegara al planeta Tierra, la iglesia neotestamentaria tenía su propio canto de Credo. En 1 Timoteo 3:16 leemos:

> Él se manifestó como hombre;
> fue vindicado por el Espíritu,
> visto por los ángeles,
> proclamado entre las naciones,
> creído en el mundo,
> recibido en la gloria.

Muchos eruditos y comentaristas tradicionales a través de los siglos creen que esas palabras eran un himno conocido por la primitiva iglesia neotestamentaria. Algo que lo indica es el contexto clarificado en el versículo precedente. Pablo habló de "la casa de Dios, que es la iglesia del Dios viviente, columna y fundamento de la verdad" (1 Tim. 3:15). Imagínate a tus primeros hermanos y hermanas en Cristo en sus lugares de reunión, cantando este himno con pasión y convicción, sonriendo triunfantes o con el rostro lleno de lágrimas. Imagínate a Pedro y a Juan, a María la madre de Jesús, a María Magdalena, y a todos los otros cantando en armonía el credo de su fe. La iglesia estaba sufriendo una terrible persecución. Estaban muriendo a docenas por la fe que declaraban en ese canto. Las docenas se convertirían en cientos y los cientos en miles. Morían multitudes en el pueblo creyente, pero ningún dictador, por muy poderoso que fuera, pudo matar el credo.

Imagínate al apóstol Pablo cantando esas mismitas palabras con cada gota de energía que le quedaba, teniendo aún húmedas en la espalda las heridas de 39 latigazos. Me gustaría saber si este himno era uno de los que cantaron él y Silas en la cárcel "después de darles muchos golpes" (Hech. 16:23). Hechos 16:25 nos dice que los otros prisioneros los escuchaban orar y cantar himnos. Pablo era un evangelista de tal categoría que una vez que se daba cuenta de que contaba con su atención, no me habría sorprendido en absoluto que les cantara algún himno con buena doctrina bíblica. Cantaran lo que cantaran, "de repente se produjo un terremoto tan fuerte que la cárcel se estremeció hasta sus cimientos. Al instante se abrieron todas las puertas y a los presos se les soltaron las cadenas" (Hech. 16:26).

Dios envía su Palabra, y nunca regresa vacía,
sino que desencadena el alma de toda persona
que se atreva a creerla.

Pablo creía lo que creía Cristo. Eso es lo que le hizo ser lo que era. Él no lo hizo, ni ello lo estaba haciendo a él. Era la pura verdad de Dios y no invención humana.

Ningún latigazo pudo sacarle esa verdad.

Desde su último encarcelamiento, el apóstol Pablo escribió que aunque él estaba encadenado, "la palabra de Dios no está encadenada" (2 Tim. 2:9). ¡Por supuesto que no! Dios envía su Palabra, y nunca regresa vacía, sino que desencadena el alma de toda persona que se atreva a creerla. Amado amigo, al separarse ahora nuestros caminos, encarguémonos unos a otros pasar nuestras vidas devorándola. Sólo tenemos una forma segura de saber que...

... Dios es quien Él dice ser.

... Dios puede hacer todo lo que dice que puede hacer.

... yo soy quien Dios dice que soy.

... todo lo puedo en Cristo.

La Palabra de Dios está viva y activa en mí.

Respírala. Créela. Háblala. Vívela. Ámala. Y prepárate para ella.

"La Biblia no es un libro para débiles. Es un libro lleno de toda la codicia y gloria y violencia y ternura y sexo y traición que le corresponden a la humanidad. No es una colección de anécdotas bonitas narradas por pequeños y piadosos ratones de iglesia. No nos mordisquea la correa del zapato, sino que se cincela en el corazón, y astilla la médula del hueso. No nos da respuestas que cuadran con las preguntas de nuestras pequeñas mentes, sino verdades que incluso sobrepasan lo que nos atrevemos a pedir".[12]

Gracias, querido amigo, por el placer de tu compañía a lo largo de este sendero de fe. No olvidaré esta aventura mientras viva. Termino esta serie con más afecto, aprecio y devoción por la verdadera iglesia de Jesucristo del que he sentido antes. He contado con el privilegio de caminar por este sendero con personas de toda clase de denominaciones y dimensiones del cuerpo de Cristo. Si tú eres como yo, necesitabas desesperadamente un poco de sano permiso bíblico para tomarle la Palabra a Dios. Mi ferviente oración es que la hayas obtenido, porque "sin fe es imposible agradar a Dios" (Heb. 11:6).

Me gustaría "creer y por tanto hablar" unas cuantas bendiciones apropiadas para ti a la luz de nuestras líneas cronológicas:

- Que la línea de tu vida transcurra derecha y firme.
- Que tus ojos permanezcan fijos en Jesús, el Autor y Consumador de tu fe, que te está esperando en la línea de llegada.
- Y que el sendero que hay entre tu hoy y tu eternidad esté sembrado de piedras conmemorativas.

Dentro de un momentito te voy a pedir que para terminar vuelvas otra vez a tu línea cronológica y rotules dos porciones finales.

Hace varios años desayuné en un restaurante con la conferencista cristiana Kay Arthur. Estaba sentada frente a ella. Asombrada por la autoridad de Cristo que reposaba en ella, me atreví a preguntarle: "¿Tú estás segura de que vas a llegar victoriosamente a la línea de llegada?" Me respondió entusiasmada y sin dudar: "¡Sí!"

"¿Por qué estás tan segura?", le pregunté.

De una forma bien típica de Kay Arthur, me respondió con las Escrituras. "Primera Juan 5, ¡Por eso mismo! Los versículos 14 y 15 dicen: 'Ésta es la confianza que tenemos al acercarnos a Dios: que si pedimos conforme a su voluntad, él nos oye. Y si sabemos que Dios oye todas nuestras oraciones, podemos estar seguros de que ya tenemos lo que le hemos pedido'. Yo estaba cansada de vivir mi vida en pecado. Deseaba profundamente vivir el resto de mis días sin volver a mis viejos caminos. Lloré ante Él en oración, señalé estos versículos, y le pedí que me permitiera no volver nunca al pecado. Como sé que es su voluntad, también sé que me escucha, y me concederá lo que le he pedido".

Kay lo expresó así de simple: "Como se lo he pedido y sé que es su voluntad, sé que me lo concederá".

"Sin fe es imposible agradar a Dios" —HEBREOS 11:6.

Yo también se lo había pedido a Dios. Desesperadamente y con lágrimas amargas e incontables súplicas. Tengo un pasado lleno de pecado, y no quiero volver a caer en el hoyo mientras viva. Le había pedido a Dios incontables veces que me llevara al cielo antes de dejarme caer en otro hoyo. La diferencia entre Kay y yo fue que ella le creyó a Dios la primera vez.

Yo también he decidido comenzar a creerle para tener un futuro victorioso. No me malinterpretes. Mi intención no es pensar que estoy firme, no sea que me caiga (1 Cor. 10:12). Con mi historia sería una tonta. Confiar en una victoria a largo plazo es confiar solo en Dios. Me ha dado una ayuda visual que me ha ayudado inmensamente, y que encaja de forma hermosa en nuestra línea cronológica. Después de que el profeta Samuel llevara al arrepentimiento al pueblo de Israel, y a que de todo corazón renovaran su compromiso, encararon su primera batalla, y Dios les dio la victoria.

"Después Samuel tomó una piedra, la colocó entre Mizpa y Sen, y la llamó Ebenezer, 'el Señor no ha dejado de ayudarnos'" (1 Sam. 7:12).

Ebenezer significa "piedra de ayuda". Al dejar nuestra línea cronológica de fe, no olvidemos las intervenciones de Dios —a veces tan obvias— y sus marcas espirituales en las piedras conmemorativas. Mientras tanto, por fe, caminemos con una piedra (figurada) en nuestra mano, como un "Ebenezer", hasta que volvamos a ver la siguiente evidencia espiritual, que será asombrosa, o la siguiente marca y la pongamos en nuestra línea. Como ves, la piedra "Ebenezer" nos recuerda constantemente que "el Señor no ha dejado de ayudarnos". Dicho con otras palabras, con la ayuda de Dios hemos llegado hasta aquí y llegaremos aún más lejos.

He conocido en mi propia vida el poder de los pecados y hábitos adictivos. Sé lo sombría que puede ser la perspectiva de vivir victoriosamente durante las siguientes décadas. Recuerdo cierta época cuando ni siquiera podía imaginarme vivir victoriosamente el año siguiente, el mes siguiente, o ni siquiera la semana siguiente. Dios me habló al corazón y me dijo: "Pero Beth, ¿eres capaz de imaginarte viviendo victoriosamente *hoy*?"

Sí, sí era capaz.

Y así fue como lo hicimos.

Cristo me enseñó a vivir día a día, dependiendo solo de Él para que me diera "el pan de cada día". Me acuerdo de los primeros días de pasar por la abstinencia de pecado adictivos. Lo que hacía era buscar a Cristo por la mañana y vivir en su suficiencia hasta el mediodía. Y después hasta la cena. Y luego hasta la hora de irme a la cama. Después llegaba el peor momento de todos: la oscuridad de la larga noche. A veces dormía con la Biblia abierta en el pecho. Otras veces me dormía literalmente con la Biblia abierta sobre la frente porque sabía que mi mayor problema era mi mente rota. Le rogué a Dios que me ayudara a no retornar.

Los ojos se me llenan de lágrimas al contarte que ese día se convirtió en dos. Dos días se convirtieron en siete. Las semanas se convirtieron en meses. Los meses se convirtieron en un año. Y luego dos. Y tres. Y luego cuatro. Y después diez.

Soy una mujer con una naturaleza humana bastante propensa a pecar, pero llevo mucho tiempo sin vivir de esa antigua naturaleza tan poderosa. Dios y yo lo estamos consiguiendo, día a día. No sabes cómo oro para no volver a mirar la vida desde el fondo del hoyo, pero lo único que sé seguro es esto: "El Señor no ha dejado de ayudarnos". Con el autor de este himno yo también canto:

Aquí levanto mi Ebenezer;
hasta aquí he llegado con tu ayuda;
y espero porque te ha agradado,
llegar seguro al hogar.
Jesús me buscó cuando era un extraño,
alejado del redil de Dios;
Él, para rescatarme del peligro,
interpuso su preciosa sangre.

¡Oh, qué gran deudor de la gracia
cada día soy forzado a ser!
Que tu gracia, Señor, como una cadena,
ate a ti mi corazón errante.
Sé que soy propenso a vagar, Señor,
propenso a abandonar al Dios que amo;
aquí está mi corazón. Tómalo y séllalo,
séllalo para tu corte celestial.[13]

Terminamos este libro con una invitación a comenzar de nuevo. Hoy es un día para un nuevo compromiso. Regresa a esa línea cronológica y mira el último punto en negrita sobre la línea que representa tu "ahora". Ya le has puesto la fecha del mes y el año actual. En algún espacio que haya al lado, añade el rótulo adicional de "Piedra Ebenezer". Quiero que te imagines que tomas una piedra del suelo que haya ahora bajo tus pies, la levantes en alto, y proclames: "El Señor no ha dejado de ayudarme". Y te seguirá ayudando mañana, pasado mañana y el día siguiente.

Si tropiezas y caes en la falta de fe, clama a Dios, busca a tu alrededor y toma otra piedra Ebenezer, ponte en pie y comienza a caminar de nuevo. No te olvides nunca que la victoria a largo plazo se da de día en día.

Por último, quiero que añadas otra etiqueta muy apropiada a la "..." que hay al final de tu línea cronológica. Te explico: A Hebreos 11 se lo conoce popularmente como el pabellón de fe. Es el testimonio de Dios de una fidelidad de carne y sangre. Si le echas un vistazo, verás que todos los segmentos siguen un mismo modelo:

Por la fe Abel... (Heb. 11:4)

Por la fe Enoc... (Heb. 11:5)

Por la fe Noé... (Heb. 11:7)

Por la fe Abraham... (Heb. 11:8)

Por la fe Isaac... (Heb. 11:20)

Por la fe Jacob... (Heb. 11:21)

Por la fe José...(Heb. 11:22)

Por la fe Moisés...(Heb. 11:23)

Por la fe Rahab... (Heb. 11:31)

Gedeón, Barac, Sansón, Jefté, David, Samuel, y los profetas, además de incontables más implícitos en Hebreos 11, todos vivieron sus vidas por fe, y lograron evidencias de muchas promesas (Heb. 11:33), sin que ninguno de ellos recibiera todas las promesas durante su vida terrenal. ¿Por qué? "Esto sucedió para que ellos no llegaran a la meta sin nosotros, pues Dios nos había preparado algo mejor".

En un apunte extra, Hebreos 11:40 concluye el capítulo con una referencia a nosotros: a todos los creyentes que iban a seguir las huellas de la fe.

Querido amigo: tú eres la continuación de Hebreos 11. Termina en el versículo 40, pero yo creo que Dios puede hacer que cada uno de nosotros nos veamos como Hebreos 11:41. Imagínate un versículo más al final del pabellón de fe de Hebreos, un versículo donde pusiera,

"Por la fe ___(tu nombre)___ "

Yo quiero estar en ese pabellón de la fe. Y creo que si tú has llegado hasta el final de este libro es porque también lo deseas. Queremos creerle a Dios en todas las promesas de Dios para esta tierra, y queremos perseverar fielmente hasta la plena herencia del cielo. Al terminar, si hablamos en serio al comprometernos a una vida de fe, firmemos la línea de puntos. Vuelve a tu línea cronológica y anota la referencia "Hebreos 11:41" sobre el "…" que hay al final. Si no te importa escribir en tu Biblia, otra opción es que vayas al final de Hebreos 11 y en el pequeño espacio que queda entre el último versículo y el principio de Hebreos 12, escribe lo que ya se dice de forma implícita:

"Por la fe ___(tu nombre)___"

Imagínate a ti mismo en esa página. Imagínate tu lugar vital en el linaje divino de la fe. Dios no está anotando tus puntos a favor, sino que está escribiendo tu testimonio, al igual que está escribiendo el mío. Cuando ponga el punto final de nuestras líneas cronológicas terrenales, su testimonio duradero de cada una de nuestras vidas será lo que hicimos… por la fe.

Querido amigo, hazlo. ¡Vive por fe! Yo te prometo hacer lo mismo.

Si no llego a conocerte aquí, nos veremos allí. Hasta entonces, no volvamos a la rutina de siempre. Desde aquí a la eternidad, estamos creyéndole a Dios en *participio activo presente.* No dejes de ser un verbo. Vívelo en voz alta. Y despierta a unos cuantos sustantivos.

Nunca dejes de creerle a Dios.

Notas

1. Strong, #4102, 71.
2. "Old Testament Lexical Aids", *Biblia de estudio Hebreo-Griego,* 1544.
3. Walter Hooper, ed., *C. S. Lewis: Reading for Meditation y Reflection* (San Francisco: Harper San Francisco, 1996), xiv.
4. Ibid., #2047, 1511.
5. Beth Moore, *Praying God's Word* (Orando la Palabra de Dios) (Nashville: Broadman & Holman, 2000), 34–35.
6. "Old Testament Lexical Aids", *Key Study Biblia,* #4162, 1524.
7. "Memory", *World Book Encyclopedia,* vol. 13 (2001), 392.
8. "Old Testament Lexical Aids", #1670, 1509.
9. Ibid., #3075, 1518.
10. Citado en Philip Yancey, *Soul Survivor* (Nueva York: Doubleday, 2003).
11. Rich Mullins, "Creed". Citado por James Bryan Smith en *Rich Mullins: An Arrow Pointed to Heaven* (Nashville: Broadman & Holman, 2002).
12. James Bryan Smith, *Rich Mullins: An Arrow Pointed to Heaven* (Nashville: Broadman & Holman, 2002), 43.
13. Robert Robinson, "Come, Thou Fount of Every Blessing".